T0194015

essentials

Essentials liefern aktuelles Wissen in konzentrierter Form. Die Essenz dessen, worauf es als „State-of-the-Art" in der gegenwärtigen Fachdiskussion oder in der Praxis ankommt. *Essentials* informieren schnell, unkompliziert und verständlich

- als Einführung in ein aktuelles Thema aus Ihrem Fachgebiet
- als Einstieg in ein für Sie noch unbekanntes Themenfeld
- als Einblick, um zum Thema mitreden zu können

Die Bücher in elektronischer und gedruckter Form bringen das Fachwissen von Springerautor*innen kompakt zur Darstellung. Sie sind besonders für die Nutzung als eBook auf Tablet-PCs, eBook-Readern und Smartphones geeignet. *Essentials* sind Wissensbausteine aus den Wirtschafts-, Sozial- und Geisteswissenschaften, aus Technik und Naturwissenschaften sowie aus Medizin, Psychologie und Gesundheitsberufen. Von renommierten Autor*innen aller Springer-Verlagsmarken.

Paula Maria Bögel

Nachhaltigkeitstransformationen erfolgreich initiieren und gestalten

Psychologische Perspektiven und Handlungsempfehlungen für Manager:innen

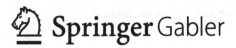

Paula Maria Bögel
University of Vechta
Vechta, Deutschland

ISSN 2197-6708   ISSN 2197-6716   (electronic)
essentials
ISBN 978-3-662-68692-8   ISBN 978-3-662-68693-5   (eBook)
https://doi.org/10.1007/978-3-662-68693-5

Die Deutsche Nationalbibliothek verzeichnet diese Publikation in der Deutschen Nationalbibliografie; detaillierte bibliografische Daten sind im Internet über http://dnb.d-nb.de abrufbar.

Planung/Lektorat: Mareike Teichmann
Springer Gabler ist ein Imprint der eingetragenen Gesellschaft Springer-Verlag GmbH, DE und ist ein Teil von Springer Nature.
Die Anschrift der Gesellschaft ist: Heidelberger Platz 3, 14197 Berlin, Germany

Das Papier dieses Produkts ist recyclebar.

Was Sie in diesem *essential* finden können

Im Verlauf des Buches werden wir gemeinsam

- die Charakteristika von Nachhaltigkeitstransformation kennenlernen (z. B. Multi-Akteurs-Ansatz)
- verstehen, welche Herausforderungen sich aus psychologischer Perspektive daraus ergeben (z. B. Gefühl der Machtlosigkeit)
- psychologische Theorien kennenlernen, die uns helfen mit diesen Herausforderungen umzugehen
- Inspirierende Fallbeispiele der Nachhaltigkeitstransformation entdecken und die psychologischen Grundlagen ihres Erfolgs verstehen
- Vorschläge mitnehmen, um selbst direkt im Unternehmen (& im Privaten) Transformationsprozesse zu starten

Vorwort

Dieses Buch zeigt Handlungsempfehlungen für die Umsetzung einer Transformation für eine nachhaltige Entwicklung basierend auf psychologischer Forschung. Ich beziehe mich dabei häufig auf Ergebnisse aus Projekten, die gemeinsam mit Kolleg:innen anderer Disziplinen und vielen Akteur:innen außerhalb der Wissenschaft entstanden sind. Dass dieses Buch ein Ergebnis kollektiven Handelns ist, spiegelt seine Kernbotschaft wider: Gemeinsam können wir mehr bewegen.

Vor allem aber wäre dieses Buch selbst nicht ohne die Zusammenarbeit mit meinem Team möglich geworden: Neneh Braum und Ulrika Heller, die mit mir zu Beginn überlegt haben, wie aus wissenschaftlichen Erkenntnissen eine spannende Geschichte wird. Melanie Strzelecki, Anne Möller und Lilly Gerlach haben diese Geschichte dann mit mir zusammen zum Leben erweckt. Und überall dort, wo Geschichten auch visuell erzählt werden, war Anne Möller am Werk. Ganz herzlichen Dank an Euch!

Paula Maria Bögel

Inhaltsverzeichnis

Über die Autorin

Prof.in Dr.in Paula Maria Bögel Universität Vechta, Pädagogische Psychologie Driverstraße 22, 49377 Vechta

paula-maria.boegel@uni-vechta.de
University of Groningen
IREES – Integrated Research on Energy, Environment and Society
IREES | Research | University of Groningen (rug.nl)
https://www.paulaboegel.de

© Henrike Keßler
(www.rikissima.com)

Nachhaltigkeitstransformation: eine psychologische Perspektive

Die Umweltpsychologie, die sich mit unserem individuellen und kollektiven Handeln – oder auch Nicht-Handeln – für eine nachhaltige Entwicklung beschäftigt (Steg et al., 2019) und die Transformationsforschung, die sich anschaut, wie große Systemumbrüche für eine nachhaltige Entwicklung erreicht werden können (Köhler et al., 2019), sind zwei Disziplinen mit dem gemeinsamen Ziel: eine nachhaltige Entwicklung zu unterstützen. Dieses Buch bringt die Erkenntnisse aus beiden Forschungsfeldern zusammen und zeigt Antworten auf die Frage auf:

Was können wir aus der Psychologie für die Nachhaltigkeitstransformation lernen?

Im Verlauf des Buches werden wir gemeinsam die Charakteristika von Nachhaltigkeitstransformation kennenlernen (z. B. Multi-Akteurs-Ansatz); verstehen, welche Herausforderungen sich aus psychologischer Perspektive daraus ergeben (z. B. Gefühl der Machtlosigkeit) und psychologische Theorien kennenlernen, die uns helfen mit diesen Herausforderungen umzugehen. Diese gemeinsame Lernreise starten wir mit einem Blick in den Kontext unseres Handelns; dabei widmen wir uns zunächst der Frage, warum Nachhaltigkeit eine besondere Transformation ist, was sie ausmacht und was dies wiederum auch für unsere Umsetzung bedeutet.

P. M. Bögel, *Nachhaltigkeitstransformationen erfolgreich initiieren und gestalten*, essentials, https://doi.org/10.1007/978-3-662-68693-5_1

1.1 Warum Nachhaltigkeit eine besondere Transformation ist

Die Zeit, in der ich dieses Buch geschrieben habe, fiel auch mit meinem Start als Professorin für Transformationsmanagement zusammen. Die Aufgabendichte war somit ziemlich groß. An einem heißen Sommertag dachte ich mir, dass ich mich zur Entspannung an eine einfache Recherche setzen könnte: eine Definition von Nachhaltigkeitstransformation sowohl für dieses Buch als auch meine Einführungsveranstaltung im Masterstudiengang Transformationsmanagement. Meine studentische Hilfskraft Ulrika Heller und ich begannen also mit der Recherche – und stellten zu unserer eigenen Überraschung fest, dass die meisten Bücher, die wir zum Thema Transformation fanden, mit dem Thema Nachhaltigkeitstransformation so gar nichts zu tun hatten. Während wir bei Transformation direkt an Nachhaltigkeit dachten (zu den verschiedenen Wahrnehmungsverzerrungen kommen wir später zurück), zeigte unsere Suchmaschinen- und Literaturrecherche im Bereich Lehr- und Handbuch, dass dies nur ein kleines Feld ausmachte. Gerade die Lehrbuchliteratur legte den Fokus stärker auf andere Transformationsprozesse wie etwa die Digitalisierung, künstliche Intelligenz (KI) oder auch Arbeit 4.0 und New Work.

Als Wissenschaftler:innen sind wir an unterschiedliche Definitionen gewöhnt (fast jede Bachelor- oder Masterarbeit fängt mit den Worten „es gibt keine einheitliche Definition" an). Erstaunt hat uns dann aber doch, wie anders der Begriff außerhalb unserer „Nachhaltigkeitsbubble" verwendet wird. Lassen Sie uns diese gemeinsame Lernreise daher mit einer Darstellung wesentlicher Charakteristika der Nachhaltigkeitstransformation starten. Hierbei wird auch schon deutlich, wie sich die Nachhaltigkeitstransformation unterscheidet von anderen Transformationsprozessen wie z. B. der Digitalisierung und welche Auswirkungen diese Unterschiede auf psychologischer Ebene haben.

1.2 Charakteristika der Nachhaltigkeitstransformation

Zum Forschungsfeld der Transformation für eine nachhaltige Entwicklung haben sich inzwischen eigene Forschungsnetzwerke gegründet. Diese Forschungsnetzwerke wiederum basieren auf unterschiedlichen disziplinären Grundlagen, welche wiederum entsprechend unterschiedliche Schwerpunkte setzen. Ein erster Themenfokus ist das Verhältnis von Menschen und Umwelt, die sozial-ökologische Forschung, z. B. in der spannenden Arbeit des *Stockholm Resilience Centre*. Ein zweiter Themenschwerpunkt ist die sozio-technische Forschung. Gemeint ist damit die sich gegenseitig bedingende Entwicklung von Gesellschaft und Technik. Ein gutes Beispiel für den Zusammenhang von Gesellschaft und Technik ist die Industrialisierung: Der technische Fortschritt hat damals das gesamte Leben der Menschen von Grund auf verändert (Osterhammel, 2009). Diese Verschränkungen von technischen und gesellschaftlichen Veränderungen stehen im Fokus der sozio-technischen Forschung.

Je nach Fokusthema werden auch die Definitionen dazu, was Transformation ist, unterschiedlich ausfallen (Hölscher et al., 2018). Ich möchte hier mit einer Darstellung zentraler Charakteristika der Nachhaltigkeitstransformation basierend auf der Forschungsagenda des *Sustainability Transition Research Network (STRN)* starten (Köhler et al., 2019).[1] Das STRN-Netzwerk hat seine Ursprünge im Bereich der sozio-technischen Forschung, also der Schnittstelle von Technik- und Gesellschaftsentwicklung. Diese Perspektive bietet sich für dieses Buch an, da sie durch ihre Einbindung von Technik und Innovation besonders anschlussfähig ist an zentrale Transformationsprozesse in Unternehmen wie Digitalisierung oder New Work, die viele von Ihnen sicherlich in der Arbeit und im Alltag ebenfalls begleiten. Die sozio-technische Perspektive ermöglicht uns eine integrierte Betrachtung der Prozesse und eine verknüpfte Bearbeitung und das Umsetzen von Synergien anstelle des „jetzt nerven die schon wieder mit Nachhaltigkeit und schaffen extra Arbeit für uns"-Momentums. Ein Phänomen, das wahrscheinlich die meisten Leser:innen aus der einen oder anderen Diskussion bei der Arbeit oder auch mit Familien, Freunden und Bekannten kennen dürften. Sieben Charakteristika (siehe Abb. 1.1) beschreiben die Nachhaltigkeitstransformation aus sozio-technischer Perspektive: (1) Multi-Dimensionalität und Co-Evolution; (2) Langfristige Prozesse; (3) Wandel und Beständigkeit; (4) Multi-Akteursprozesse; (5) Werte, Widerspruch und Widerstand; (6) Normative Zielsetzung; und (7) Unsicherheit in Zielsetzung.

(1) Multi-Dimensionalität und Co-Evolution: Die Transformationsforschung zeichnet sich dadurch aus, dass sie nicht einzelne Innovationen alleine in den Blick nimmt, sondern sich immer ein ganzes System und seine Funktionsweisen anschaut. Zum Beispiel nicht das E-Auto oder den E-Scooter als einzelne Innovationen, sondern vielmehr das Verkehrssystem als Ganzes. Ein bestehendes System wie etwa das Mobilitätssystem besteht demnach aus einer Vielzahl verschiedener

---

[1] Ergänzend sei darauf hingewiesen, dass hier der deutsche Begriff der Transformation verwendet wird. In anderen, insbesondere englischsprachigen Publikationen werden die Begriffe Transition und Transformation immer wieder auch voneinander abgegrenzt (siehe auch Hölscher et al. 2018).

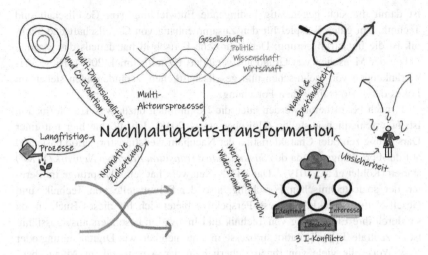

Abb. 1.1   Sieben Charakteristika der Nachhaltigkeitstransformation. (Eigene Abbildung in Anlehnung an Köhler et al. (2019))

Elemente. Hierzu gehören etwa unser Straßen- und Bahnnetz als greifbarer Infrastruktur; aber auch kognitive Elemente, z. B. unsere Vorstellungen davon, wie mobil man ist (vor 200 Jahren wäre beispielsweise noch niemand auf die Idee gekommen, dass man im Winter in die Sonne fliegt) und den verschiedenen beteiligten Akteur:innen: die Automobilkonzerne wie Volkswagen oder BMW, neuere „Herausforderer" der Konzerne wie etwa Tesla, die Planungsdepartments der Städte, um nur ein paar exemplarisch zu nennen. Veränderungen im System können immer nur in Verbindung zwischen diesen Elementen erfolgen; z. B. brauchen E-Autos eine entsprechende Infrastruktur an Ladesäulen und E-Scooter müssen ihren Platz im Verkehrssystem (noch) finden. Die Herausforderung von Transformationsprozessen ist demnach das Mitdenken und -planen dieser verschiedenen Elemente und ihrer voneinander abhängigen Entwicklung.

(2) Langfristige Prozesse: Transformationen von Systemen wie etwa dem Mobilitätssystem sind langfristige Prozesse. Langfristigkeit bedeutet in diesem Fall die Entwicklung über mehrere Jahrzehnte. Denken wir noch einmal zurück an die Erfindung der Dampfmaschine und die Industrialisierung: diese Entwicklungen brauchten von der ersten Entwicklung der technischen Innovation bis hin zur vollen Entfaltung der gesellschaftlichen Wirkung auch Jahrzehnte. In unserem Fall ist dies eine besondere Herausforderung für Forschung und Praxis, denn viel Zeit bleibt uns nicht mehr, um die Klimaziele noch zu erreichen (Andersen et al., 2023).

(3) Wandel und Beständigkeit: Transformationsprozesse sind immer ein Wechselspiel von Wandel und beständiger Beharrlichkeit des bestehenden Systems. Innovative neue Ideen für unser Zusammenleben wie etwa Radschnellwege im Rahmen der Mobilitätswende stehen der Beharrlichkeit eines bestehenden Systems gegenüber. Den Radschnellwegen entgegen steht beispielsweise die häufig autozentrierte Infrastruktur basierend auf einer jahrzehntealten Zielsetzung der autogerechten Stadt in der Stadtplanung (Wilde & Klinger, 2017). Um Staus und Übernutzung der Infrastruktur entgegenzuwirken, wurden und werden neue Straßen sowie Parkplätze gebaut, was empirisch belegbar zu noch mehr Verkehrsaufkommen führt (Duranton & Turner, 2011). In diese Entwicklungsspirale einzugreifen und Radverkehr auszubauen, kann dann für aufgeheizte Stimmung sorgen.

(4) Multi-Akteursprozesse: Da die Transformationsprozesse ein Drehen an vielen Stellschrauben erfordern, werden sie auch erst durch das Zusammenspiel vieler einzelner Akteure möglich. In der Forschung geht man dabei von einem Zusammenspiel von vier Akteursgruppen aus, einer sogenannten Quadruple-helix (Schütz et al., 2019) aus (1) Politik, (2) Gesellschaft, (3) Wissenschaft und (4) Wirtschaft. Jede der einzelnen Gruppen hat dabei ihre eigenen Interessen und entsprechenden Strategien, um ihre Interessen voranzutreiben. Besonders gut zu beobachten war das beispielsweise im Bereich der Verkehrswende in den letzten Jahren. Hier stehen sich die Akteursgruppen mit ihren unterschiedlichen Ideen zur Verkehrswende – seien es autofreie Städte oder ein Verbleiben beim autozentrierten System durch technische Innovationen wie E-Autos oder Wasserstoffautos – teilweise feindlich gegenüber. Aus dem Alltag kennen dies wahrscheinlich die meisten Leser:innen aus dem „Kampf" zwischen Fahrrad und Auto in Deutschlands Innenstädten.

(5) Werte, Widerspruch & Widerstand: So vielfältig die Akteur:innen in der Nachhaltigkeitstransformation sind, so vielfältig sind eben auch ihre Werte- und Zielvorstellungen für die Gestaltung unseres gemeinsamen Lebens. Und entsprechend reichhaltig das Potential für Konflikte, wie das Beispiel oben schon gezeigt hat. In der Forschung werden dabei drei Arten von Konflikten unterschieden, die drei I's: (i) Interessens- und Verteilungskonflikte, z. B. typischerweise die Verteilung ökonomischer Güter; (ii) Ideologische Konflikte, in denen es um eigene Überzeugungen, Werte und Glauben geht und damit verbundene Identitätskonflikte, in denen es um die Abgrenzung von anderen Gruppen geht; und (iii) Interpretationskonflikte, in denen es um unterschiedliche Verständnisse, z. B. von Nachhaltigkeit, geht (De Dreu & Gelfand, 2008). Vielfach haben die Konflikte auch mehrere Ebenen, die für die Lösung gleichermaßen relevant sind.

(6) Normative Zielsetzung: Die Nachhaltigkeitstransformation hat eine klare normative Zielsetzung: einen Beitrag zu leisten für eine nachhaltige Entwicklung. In manchen Punkten lässt sich diese Zielsetzung direkt mit „klassischen" unternehmerischen Zielsetzungen verbinden, zum Beispiel wenn sich durch die Nachhaltigkeitsstrategie der *Effizienz* (Produktivitätssteigerung) und *Konsistenz* (Kreislaufwirtschaft) Ressourcen einsparen und gleichzeitig ökonomische Kennzahlen vorantreiben lassen, der sogenannte „*business case for CSR*" (Carroll & Shabana, 2010).

Es zeigen sich inzwischen jedoch deutlich die Grenzen der Nachhaltigkeit dieses business cases: Die eingesparten Ressourcen werden beispielsweise häufig durch Rebound Effekte wieder eingeholt. Wenn etwa ein PKW-Modell durch Effizienzsteigerungen günstiger wird, so fällt die Wahl beim nächsten Kauf womöglich auf das größere Modell (UBA, 2019). Ergänzend sollte daher die umrahmende Nachhaltigkeitsstrategie der *Suffizienz* zur Anwendung kommen. Diese zielt darauf ab, den Ressourcenverbrauch „durch andere Verhaltensmuster und Lebensweisen zu verringern" (Böcker et al., 2020, S. 11) und geht teilweise so auch mit größeren Veränderungen und Einschränkungen einher.

Im Diskurs zur Nachhaltigkeitstransformation jedoch werden oft nur die positiven Effekte als Anreiz zur Beteiligung dargelegt: Innovationen für Nachhaltigkeit = Wirtschaftswachstum ist die versprochene Formel. Erst jüngere Forschungsmodelle beleuchten neben diesen – zweifelsohne gegebenen! – positiven Aspekten der Nachhaltigkeitstransformation auch die Einschnitte und teilweise auch schmerzhaften Veränderungen, die sich durch eine nachhaltigere Entwicklung ergeben. Als Theoriemodell beispielhaft genannt sei hier das *x-curve framework* (Hebinck et al., 2022). Das Modell zeigt die aufsteigende Entwicklung neuer Innovationen und ihre Verbreitung (wie sie sich auch in anderen Transformationsmodellen wie etwa der Multi Level Perspective, Geels 2002 finden). Demgegenüber stellt es aber auch die gleichzeitig zurückgehende Entwicklung bestehender Industrien dar, die damit einhergeht. Ein eindrucksvolles Beispiel hierzu ist die aktuelle Herausforderung der neuen Entwicklung der bisherigen Braunkohlereviere, wie in Abb. 1.2 illustriert.

(7) Unsicherheit Eine der größten Herausforderungen einer Transformation für eine nachhaltige Entwicklung ist die ihr inhärente Unsicherheit. An erster Stelle steht dabei die Unsicherheit der Menschen darüber, wie sich die für die Nachhaltigkeit notwendigen Veränderungen auswirken werden. Diese Unsicherheit in

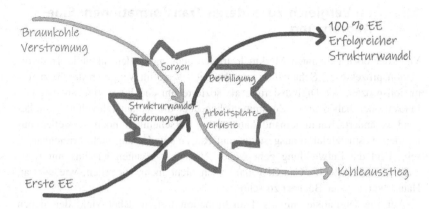

Abb. 1.2 X-Curve am Beispiel des Braunkohleausstiegs. (Eigene Abbildung in Anlehnung an Hebinck et al. (2022) und Gürtler et al. (2021))

der Planung wird dabei als zweites dadurch erschwert, dass die normative Zielsetzung der Nachhaltigkeit selbst durch Ambivalenzen und Unsicherheiten geprägt ist.

Schauen wir uns das an einem Beispiel aus den Sustainable Development Goals (SDGs) der Vereinten Nationen an. Die SDGs umfassen insgesamt 17 Ziele; hierunter auch Ziel 7: Bezahlbare und saubere Energie und Ziel 15: Leben an Land, mit der Zielsetzung der Erhaltung und Förderung des Ökosystems. Beide Zielsetzungen sind absolut relevant für eine nachhaltige Entwicklung. Und doch haben die Proteste gegen Windparks in den letzten Jahren immer wieder auch ihren teilweisen Widerspruch deutlich gemacht: Setzt man etwa auf einen schnellen Ausbau von erneuerbaren Energien (SDG Ziel 7) hat dies teilweise negative Konsequenzen für das Ökosystem (SDG Ziel 15), z. B. für Fledermäuse und Vögel.

Diese Ambivalenz von Nachhaltigkeitszielen und die damit einhergehende Unsicherheit werden bisher nur unzureichend adressiert (Shove & Walker, 2007). Diese mangelnde Adressierung steht auch der Lösungsfindung im Weg. Hieran müssen wir arbeiten und unseren Fokus immer wieder auf die Lösungsfindung statt auf die Verdrängung der Zielkonflikte legen. Zurück zu unserem Beispiel sind dies etwa Arbeiten zum ökologisch verträglichen Ausbau von Windenergie (Wiehe et al., 2020). Wer hierzu mehr wissen möchte, findet einen spannenden Vortrag von Dr. Julia Wiehe im Rahmen der von Kolleg:innen am ITAS und mir organisierten Vortragsreihe „Beyond technology" (Link: Beyond Technology: Ökologische Herausforderungen & Naturverträglichkeit – YouTube.)

1.3   Im Vergleich zu anderen Transformationen: Eine Abgrenzung

Viele der oben genannten Merkmale treffen auch auf andere aktuelle Transformationsprozesse zu. Schauen wir uns beispielsweise im Vergleich den Transformationsprozess der Digitalisierung als sozio-technische Innovation an. Digitale Innovationen haben unser Zusammenleben über die letzten Jahrzehnte grundlegend verändert. Kaum jemand kann sich wahrscheinlich noch vorstellen nur mit dem Festnetztelefon ausgestattet, auf Reisen stundenlang nicht erreichbar zu sein. Und die Entwicklung geht weiter. Vielleicht könnten wir uns mit weiterer Entwicklung von ChatGPT bald auch nicht mehr vorstellen, wie es war, Hausarbeiten (oder Bücher) zu schreiben.

Auf die Digitalisierung als Transformation treffen dabei viele der sieben Merkmale der Nachhaltigkeitstransformation zu. So handelt es sich bei der Digitalisierung auch um einen langfristigen Prozess (Merkmal 2), der wiederum viele Bereiche unseres Lebens gleichzeitig betrifft: digitale Stromnetze, digitale Mobilitätslösungen, digitale Lernformate usw. Diese sind dann häufig auch voneinander abhängig (Merkmal 1), z. B. die Möglichkeit zum mobilen Arbeiten, die erst durch neue Technologien möglich wurde. Es ist ein Prozess, an dem viele Akteursgruppen beteiligt sind (Merkmal 4) und der immer wieder auch durch Werte(-konflikte), Widerspruch und Widerstand geprägt ist (Merkmal 5). Ebenso ist die digitale Transformation durch Unsicherheiten gekennzeichnet (Merkmal 7): Welche Jobs sind etwa durch die digitale Revolution gefährdet? ist eine viel diskutierte Frage (vgl. Zeit Online, 2021).

Trotz all dieser Gemeinsamkeiten – einen Großteil der oben genannten Charakteristika erfüllt ja auch die Digitalisierung als Transformation – gibt es zwischen der Nachhaltigkeitstransformation und der Digitalisierung einen entscheidenden Unterschied: die normative Zielsetzung. Ein Unternehmen wird sich entscheiden, digitale Lösungen umzusetzen, wenn sie für den ökonomischen Erfolg vielversprechend erscheinen. Ganz anders aber sieht es bei der Nachhaltigkeit aus: Hier steht das normative Ziel der nachhaltigen Entwicklung im Vordergrund.

Dies führt zu besonderen Herausforderungen in der Umsetzung, z. B. der Frage der Verantwortlichkeit. Die übliche Frage hier ist: Warum soll ich weniger Fleisch essen/weniger fliegen/mir eine neue teure Heizung einbauen/usw. „wenn die (beliebig zu füllen: Manager:innen; Politiker:innen; Nachbar:innen) immer noch auf Kreuzfahrt gehen/in den Urlaub fliegen/riesige Fabriken mit hohem CO_2-Ausstoß betreiben/usw.?" In der Psychologie spricht man hier vom Trittbrettfahrerproblem. Damit ist gemeint, dass Einzelne sich an Kollektivgütern oder von einer Gruppe erreichten Erfolgen (wie beispielsweise das Stromsparen am Arbeitsplatz oder auch zu Hause) bereichern, ohne selbst einen Beitrag dazu zu leisten (Zentrum für Interdisziplinäre Nachhaltigkeitsforschung, o. D.). Die Transformation hin zu einer nachhaltigen Entwicklung unterscheidet sich demnach durchaus grundlegend von anderen Transformationsprozessen wie der Digitalisierung – und braucht entsprechend ein ganz besonderes Management. Eine Aufgabe, die wir in Wissenschaft, Wirtschaft, Politik und Gesellschaft gerade gleichermaßen alle erst erlernen.

▶ **Lesetipp** Wer sich gerne näher mit der Frage auseinandersetzen möchte, ob man Transitions eigentlich managen kann, findet von Shove & Walker (2007, siehe Referenzen) eine gute Übersicht der Herausforderungen; z. B. zur angesprochenen Ambivalenz der Nachhaltigkeitsziele und auch zur Reflexion der eigenen Rolle als Transformationsmanager:in.

Was das für unser Handeln bedeutet – erste Erkenntnisse

2

Aus den Charakteristika der Nachhaltigkeitstransformation ergeben sich besondere Herausforderungen in der Umsetzung der Transformation. Im Folgenden werden wir die Herausforderungen anschauen, bei denen psychologische Prozesse ausschlaggebend sind (siehe Abb. 2.1) und welche Theorien und Erkenntnisse aus der Psychologie dabei helfen können, diese Herausforderungen zu überwinden. So bekommen wir ein erstes Gefühl dafür, was man aus der Psychologie für die Gestaltung der Nachhaltigkeitstransformation lernen kann – in der Theorie und ganz praktisch anhand eines Fallbeispiels; bevor es dann in den nächsten Kapiteln systematisch um psychologische Konstrukte wie Einstellung, Einstellungswandel und Identitäten gehen soll.

2.1 Langfristige Prozesse greifbar machen

Ein langfristiger Planungshorizont bedeutet, dass Sachen schwerer greifbar werden. Rücken Objekte räumlich, zeitlich oder sozial weiter in die Ferne, gewinnen sie an Abstraktionsgrad. Das erklärt die sozialpsychologische Construal Level Theory (Trope & Libermann, 2010). In Bezug auf das Thema Nachhaltigkeit kann man dieses Phänomen sehr gut am Beispiel der Folgen des Klimawandels erkennen. Naturkatastrophen aus den letzten Jahren wie etwa im Ahrtal haben dazu geführt, dass der Klimawandel auch für uns deutlich greifbarer wurde und entsprechend mehr Handlungsdruck zu spüren war. Dabei ist erst einmal aus psychologischer Sicht die Frage im Hintergrund, ob etwa die Überschwemmungen

P. M. Bögel, *Nachhaltigkeitstransformationen erfolgreich initiieren und gestalten*, essentials, https://doi.org/10.1007/978-3-662-68693-5_2

Abb. 2.1 Fragen an die Psychologie für die Transformation. (Eigene Abbildung)

im Ahrtal schon eine Folge des Klimawandels oder noch im Rahmen der normalen Wetterausreißer war, wie es sie schon immer gab. Wichtig ist hier vor allem, dass damit die von Klimawissenschaftler:innen genannten Gefahren durch den Klimawandel, u. a. eben Überschwemmungen, plötzlich nicht mehr räumlich weit entfernt auf anderen Kontinenten stattgefunden haben, sondern uns direkt hier vor unserer Haustür betroffen haben. Was man daraus lernen kann für die Nachhaltigkeitstransformation: Wenn man über Klimawandel und Transformationsbedarfe sprechen will, ist es immer wichtig, die Folgen möglichst direkt für die Zielgruppe aufzuzeigen.

2.2   Mit der (eigenen) Enttäuschung umgehen

Wenn einem das Thema Nachhaltigkeit sehr am Herzen liegt, ist die Enttäuschung praktisch vorprogrammiert: ob es eine Diskussion mit Kolleg:innen ist, die sich vielleicht nicht an einer geplanten Kampagne beteiligen möchten oder die Enttäuschung über die Zugeständnisse der Grünen Partei in der aktuellen Ampel-Koalition. Entscheidend ist, wie wir mit diesen Enttäuschungen so umgehen können, dass wir trotzdem handlungsfähig bleiben. Aus psychologischer Sicht ist dies ein ganz entscheidender Punkt, denn unsere gefühlte Selbstwirksamkeit und Handlungsfähigkeit ist ein wesentlicher Treiber unseres Handelns (Vertiefung dazu siehe Kap. 3). Drei Ansätze können uns dabei helfen:

Kontext verstehen – Impact sehen: Zu Beginn dieses Buches ebenso wie zu Beginn unseres Masterstudienprogramms für Transformationsmanagement in ländlichen Räumen stelle ich immer die Charakteristika der Nachhaltigkeitstransformation vor. Ein Verständnis davon, was Transformation ausmacht und welche Prozesse hierbei wirken, kann helfen, sich immer noch ambitionierte, aber auch realistische Ziele zu setzen und auch zu verstehen, welchen Fortschritt vermeintlich kleine Dinge bewirken können. Darauf basierende Modelle wie die *Embedded Agency Perspektive* (Augenstein et al., 2022) zeigen uns den Impact auf, der auch schon aus der Anregung einer Diskussion entstehen kann und wie viele dieser kleinen Ereignisse letztlich den Wandel ausmachen.

Handlungsfähig bleiben: Neben einem besseren Verständnis des Handlungskontextes ist es außerdem von zentraler Bedeutung, die eigene Selbstwirksamkeit zu stärken. Dies kann wie oben beschrieben dadurch erfolgen, dass man seine eigene Handlung kontextualisiert um z. B. auch bestehende Systeme und ihre Geschichte, hier spricht man auch von Pfadabhängigkeit, in Unternehmen in Bezug auf die Nachhaltigkeitstransformation zu berücksichtigen (Moilanen & Alasoini, 2023). Hierin unterscheidet sich die Psychologie der Transformation von psychologischen Ansätzen mit einem reinen Fokus auf individuelles Handeln (vgl. Bögel & Upham, 2018): Ein Schwerpunkt liegt auf dem Verständnis der eigenen Handlung in einem größeren systemischen Rahmen.

Neben dieser systemischen Einbettung helfen aber auch Erkenntnisse, die wir aus den psychologischen Theorien zur Stärkung der eigenen Selbstwirksamkeit gewinnen können. Beispielhaft sei hier die self-determination theory (Deci & Ryan, 2002) genannt. Diese geht davon aus, dass Menschen einen angeborenen Drang zur persönlichen Entwicklung haben. Die Motivation führt aber nur dann zu selbstbestimmtem Handeln, wenn drei Bedürfnisse erfüllt sind: (1) Kompetenz (mehr dazu in Kap. 3), (2) Zugehörigkeit und (3) Autonomie und Freiheit. In einem Forschungsprojekt in Schweden konnte ich gemeinsam mit Kolleg:innen herausstellen, dass alle drei Motivationsfaktoren relevant für die Einstellungen der Bürger:innen gegenüber dezentraler Energiespeicherung in Wohnhäusern und somit für eine bürger:innennahe Energiewende sind; und welche besonders wichtige Rolle die Gemeinschaft als (oft unbefriedigtes) Bedürfnis dafür spielt (Bögel et al., 2021). Diesen wichtigen Aspekt greifen wir daher in Kap. 4 noch vertiefend auf.

Wertschätzung im Fokus: Nachhaltigkeit ist häufig ein konfliktreiches Thema und entsprechend verbunden mit Ärger Personen gegenüber, mit denen man gerade nicht einer Meinung ist zu einem bestimmten Thema. Studien aus der Verhandlungsforschung haben gezeigt, dass es insbesondere bei Wertekonflikten hilfreich sein kann, sich wieder die Qualitäten bewusst zu machen, die man an der anderen Person schätzt (Harinck & Druckmann, 2017). In Verbindung mit dem Verstehen des Handlungskontextes, auch dem der anderen Person, ergibt sich hieraus eine bessere Grundlage für eine wertschätzende Verhandlung (mehr dazu in Kap. 3).

2.3   Emotionen verstehen und anerkennen

Zur Entwicklung einer wertschätzenden Haltung gegenüber anderen Akteur:innen in der Transformation ist es zwingend anzuerkennen, dass Transformationsprozesse zwar für unsere Gesellschaft Chancen bieten, aber gleichzeitig auch einhergehen mit teilweise schmerzhaften Veränderungsprozessen. Transformationsmodelle wie das in Kap. 1 vorgestellte x-curve framework (Hebinck et al., 2022) illustrieren diesen Prozess des phase-out und des damit verbundenen Abschieds, wie wir ihn beispielsweise gerade in den ehemaligen Braunkohlerevieren erleben.

Um Nachhaltigkeitskonflikte zu verstehen, ist es zentral sich bewusst zu machen, dass Nachhaltigkeit ein emotionales Thema ist; denn unsere Emotionen beeinflussen unser Handeln. Die Emotionen von Manager:innen hinsichtlich nachhaltiger Transformationsprojekte (wie z. B. der Energiewende) können etwa beeinflussen, ob eine Veränderung durch Nachhaltigkeit, auch auf organisationaler Ebene, als Risiko oder Chance wahrgenommen wird (Friedrich & Wüstenhagen, 2017). Ein Verständnis dieser Prozesse hilft uns dabei, auch Verständnis für andere Akteure im Prozess aufzubringen und wertschätzend zu handeln.

Neben dem Anerkennen der Trauer über die Veränderung ist es ebenso wichtig, neue Visionen zu entwickeln und damit einen positiven Ausblick zu geben (siehe auch zur Rolle von Visionen im Transition Management in Kap. 1 und vertiefend in Kap. 5). Zum Abschluss dieses Kapitels möchte ich daher eine Fallstudie vorstellen, in der es einer Nachhaltigkeitsinitiative gelungen ist, genau eine solche positive Vision zu entwickeln und dabei die verschiedenen Bedürfnisse, Motive und Ängste anderer Akteursgruppen mit aufzugreifen.

2.4   Fallbeispiel: Der Volksentscheid Fahrrad in Berlin

Wir schauen uns dazu im Folgenden Erkenntnisse aus einer wissenschaftlichen Studie an, wie es den Aktiven von Volksentscheid Fahrrad in Berlin gelungen ist, Ziele für eine bessere und sicherere Radinfrastruktur in Berlin, unserer immer noch autozentrierten Hauptstadt, umzusetzen. Mit dem sozialpsychologischen Modell hinter dieser Erfolgsstory beschäftigen wir uns dann genauer in Kap. 4.

Im November 2015 startete eine Gruppe von Radaktivist:innen mit 10 Zielen zur Besserung der Radinfrastruktur, die sie mittels direkter Demokratie in ein Gesetz gießen wollten (Changing Cities e. V., 2018). Zu dieser Zeit ist Radfahren eine Nischenaktivität in Berlin, nur 15 % des gesamten Verkehrsaufkommens besteht aus Radverkehr; den größten Anteil hat der motorisierte Individualverkehr (infas, 2018). Wie schaffte es die Gruppe dennoch innerhalb von vier Wochen über 100.000 Unterschriften für ihren Gesetzesentwurf zu sammeln und 61 % der Berliner:innen auf ihre Seite zu bringen?

Gerade das Thema Verkehrswende bietet eigentlich wie oben beschrieben hohes Konfliktpotenzial und nicht selten werden Autofahrer:innen und Radfahrer:innen gegeneinander aufgebracht. Hier kann die Gruppenzugehörigkeit, in der Psychologie auch soziale Identität genannt, eine Barriere für Transformationsprozesse darstellen. Volksentscheid Fahrrad, tappte allerdings nicht in die „Wir versus Die"-Falle, sondern schaffte es, eine gemeinsame Identität über vereinte Normen und Identifikation zu kreieren – sicheres Radfahren für alle (Becker et al., 2021).

Auch bei diesem Transformationsprojekt lief nicht von Beginn an alles rund, zunächst wollte der ADFC sich den zehn Forderungen nicht anschließen, weil er diese zu radikal empfand. Das zeigt, dass auch die Gruppe der Radfahrenden keine homogene Masse ist. Um nach Umfragen 90 % der Berliner Radfahrer:innen vom Gesetzesentwurf zu überzeugen, entwickelte die Initiative die Identität des sicheren Radfahrens, in der sich alle Untergruppen von Familien mit Kindern bis zu Sportler:innen wiederfinden konnten. Gemeinsame #Werte waren dabei Sicherheit, Gerechtigkeit, Teilhabe und Lebensqualität in der Stadt. Vorherige Vorhaben zu Verbesserungen der Radinfrastruktur scheiterten bisher häufig daran, dass sie nur eine gezielte Gruppe ansprachen wie zum Beispiel den „middle-aged men in Lycra" (ebd.).

Die Radfahrer:innen zu vereinen, reichte aber nicht aus – wir erinnern uns, dass Radfahren eine Nischenaktivität ist – um die notwendige Unterschriftenzahl zu sammeln. Der Gesetzentwurf sah demnach nicht nur Verbesserungen für den Radverkehr vor, sondern dachte auch den ÖPNV und intelligente Stadtentwicklung mit, um ein „Die gegen uns" Narrativ zu vermeiden. So konnten verschiedene Akteursgruppen und ihre Interessen (#Multi-Akteursprozess) miteinander verknüpft werden. Außerdem erzielten sie Aufmerksamkeit mit Protesten und sit-ins zu verstorbenen Verkehrsteilnehmer:innen – darunter nicht nur Fahrradfahrende, sondern auch einem unbeteiligten Autofahrer, der durch ein illegales

Autorennen ums Leben kam, wurde gedacht (#Werte und Wertschätzung). Über allem schwebte das Narrativ der sicheren und lebenswerten Innenstädte (ebd.).

Im Juni 2018, nach mehreren Zwischenschritten, dann der Erfolg: Die Zielvorhaben wurden weitestgehend im Mobilitätsgesetz umgesetzt, welches am 28. Juni in Kraft trat (Changing Cities e. V., 2018). Aus dem erfolgreichen Volksentscheid können wir für die Transformation lernen: Wertschätzung, inklusive Normen und gemeinsame Identitäten haben das Potenzial, viele Menschen für Veränderung zusammenzubringen und erfolgreich zu einer nachhaltigen Entwicklung beizutragen.

Der Einstellungs- und Verhaltenswandel – seine Möglichkeiten und Grenzen

3

Die häufigste Frage, die an mich herangetragen wird, bezieht sich darauf, wie man die Einstellungen anderer Personen zum Thema Nachhaltigkeit verändern kann. Je nach Gesprächspartner:in geht es dabei um den Einstellungs- und Verhaltenswandel von Autofahrer:innen hin zu Nutzer:innen des ÖPNV, das Ziel Tante Inge und Cousin Max zurr Anerkennung des vegetarischen Grillens zu bewegen; oder aber Kolleg:innen und/oder Management von Nachhaltigkeitsmaßnahmen zu überzeugen. Gemein ist all diesen verschiedenen Kontexten der Wunsch, die anderen handelnden Akteur:innen (#Multi-Akteursprozesse) von der eigenen Einstellung zum Thema Nachhaltigkeit zu überzeugen und zu einer Verhaltensänderung zu bringen.

Scheinbar bin ich nicht die einzige Forscher:in, an die diese Frage regelmäßig herangetragen wird. Der Forscher Tim Jackson schreibt, dass es sich beim Thema Einstellungs- und Verhaltenswandel schon fast um den „heiligen Gral" (Jackson, 2005, S. 105) in der Politik für eine nachhaltige Entwicklung handelt. Wir wollen uns daher im Folgenden einige psychologische Theorien dazu anschauen, wie ein Einstellungswandel gefördert werden kann, welche psychologischen Barrieren es dabei gibt – und uns schlussendlich mit den Möglichkeiten, aber auch Grenzen dieses Ansatzes für die Nachhaltigkeitstransformation auseinandersetzen.

P. M. Bögel, *Nachhaltigkeitstransformationen erfolgreich initiieren und gestalten*, essentials, https://doi.org/10.1007/978-3-662-68693-5_3

3.1   Erkenntnisse aus der Persuasionsforschung: Einstellungswandel fördern

Eine Forschungsrichtung, die sich besonders dem Thema Einstellungswandel gewidmet hat, ist die Persuasionsforschung. Hierzu gehört auch das Elaboration Likelihood Model (ELM) nach Petty und Cacioppo (1986). Es bietet einen sehr guten Anwendungsbezug, weswegen wir es uns im Folgenden einmal näher anschauen wollen.

Modelle zum Einstellungswandel: Das Elaboration Likelihood Model
Wie der Name schon sagt, beschäftigt sich das Elaboration Likelihood Model mit der Wahrscheinlichkeit (likelihood) für die tiefe Verarbeitung einer Information (elaboration). Das Modell bezieht sich dabei auf Informationen ganz unterschiedlicher Art, von kurzen Werbevideos vor dem Film, über Info-Mails über den Unternehmensverteiler bis hin zur Verarbeitung von Nachrichtensendungen. Nehmen wir erst einmal folgendes Beispiel für eine Informationsverarbeitung, um das Modell vorzustellen: Man möchte Kolleg:innen von der Handlungsnotwendigkeit des Klimawandels überzeugen, also ihre Einstellung dazu verändern. Ein Thema könnte beispielsweise die – immer umkämpfte – Menge des Fleischkonsums in der Kantine sein. Um Kolleg:innen zu überzeugen eher eine vegetarische Option statt der Currywurst zu wählen, könnten sie verschiedene Informationen zur Verfügung stellen: von einem Flyer in der Kantine bis hin zu einer moderierten Vorstellung des Filmes Dominion mit gemeinsamer anschließender Diskussion. Das ELM geht nun davon aus, dass der:die Empfänger:in der Nachricht die Information auf einem Kontinuum zwischen **zwei Arten der Informationsverarbeitung umsetzt:**

(i) über die zentrale Route der Verarbeitung oder
(ii) über die periphere Route der Verarbeitung.

Die *zentrale Route der Verarbeitung* bedeutet, dass man sich Zeit nimmt, die Informationen gründlich zu betrachten und zu bewerten; etwa so, wie man es in der Schule oder an der Uni in einer Vorlesung (hoffentlich) tut. Bei der *peripheren Route* hingegen widmen wir unsere Aufmerksamkeit der Information nur flüchtig, z. B. wenn wir ein Wahlplakat beim Vorbeigehen oder Radeln anschauen. Das ELM gibt darauf aufbauend Empfehlungen mit, wie die Kommunikation je nach Wahrscheinlichkeit der Verarbeitung – zentral oder peripher – gestaltet sein sollte. Es zeigt uns dabei die Faktoren auf, die darauf einwirken, welche Verarbeitungsroute wahrscheinlicher ist und hilft entsprechend die für diese Situation überzeugende Kommunikationsstrategie auszuwählen. Schauen wir uns zunächst diese zwei Faktoren für die 'Wahl des (Verarbeitungs-)Weges' an:

- *Motivation zur Verarbeitung:* Interessiert sich die Person für den Inhalt und ist gewillt konzentriert zuzuhören?
- *Ressourcen zur Verarbeitung:* Hat die Person sowohl (1) die kognitiven und wissensbasierten Voraussetzungen zur Verarbeitung (das ist beispielsweise bei Klimawandelmodellen schon ziemlich komplex) und auch (2) die zeitlichen Ressourcen (schnelle Mittagspause in der Kantine in unserem Beispiel) und die notwendige Umgebung (laute Kantine, ablenkende andere Gespräche über eine neue Home Office Regelung), um sich mit den Inhalten zu befassen?

Wenn beides zutrifft, also die Motivation und die Ressourcen ausreichend sind, kommt es zu einer intensiven Verarbeitung der Information auf der zentralen Route. Fällt hingegen eine der beiden Faktoren weg, kommt es nur zu einer flüchtigen Informationsaufnahme (siehe Abb. 3.1).

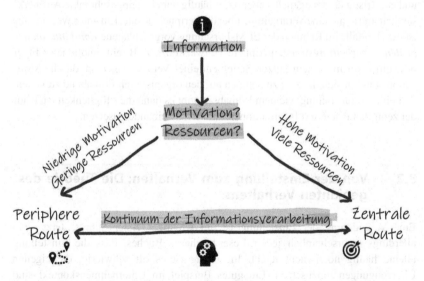

Abb. 3.1 Elaboration Likelihood Model. (Eigene Abbildung in Anlehnung an Petty und Cacioppo (1986))

Die Strategiewahl: Das ELM leitet daraus die Empfehlung ab, umfassende Informationen nur zu präsentieren, wenn auch Motivation und Zeit bleibt für die Verarbeitung. Dies wäre bei einer schnellen Mittagspause in der Kantine nicht gegeben, aber etwa im Rahmen eines moderierten Filmabends durchaus möglich. Was aber nun tun, wenn einem eben nur der flüchtige Moment in der Kantine bleibt, um zu überzeugen? Für eine erfolgreiche Kommunikation auf der peripheren Route sollte man sich auf Hinweisreize konzentrieren. Dies können etwa die Auswahl der:des Sprecher:in oder auch ein emotionaler Hinweisreiz sein. Ein prominentes Beispiel, das sicherlich jede:r kennt, ist die Parfümwerbung. Ein weiterer Weg ist der Auftritt einer:s Expert:in, etwa in der Werbung der Dr. Best Zahnarzt im weißen Kittel, der Expertise verspricht. Im Unternehmenskontext wäre dies beispielsweise eine kurze Botschaft aus dem Vorstand oder einer anderen Vertrauensperson.

Was aber, wenn man feststellt, dass man überwiegend einer peripheren Verarbeitung begegnet wird? Für die Antwort gilt es noch einen weiteren Faktor im ELM zu beachten: *den zeitlichen Wirkungsgrad der Einstellungsänderung.* Eine Einstellungsänderung über die periphere Route wirkt eher kurzfristig und ist leicht angreifbar. Eine Einstellungsänderung über die zentrale Route hingegen ist stabiler. Ein Dilemma in der Nachhaltigkeitskommunikation: Man möchte letztlich fundiert und langfristig überzeugen, hat aber dafür häufig nur eine eingeschränkte Aufmerksamkeit und damit eine Verarbeitung über die periphere Route. Ein guter Weg hieraus ist die ebenfalls im Rahmen der ELM-Forschung vorgeschlagene *Kombination der beiden Verarbeitungswege*: periphere Hinweisreize, z. B. ein emotionaler Flyer oder ein Flyer mit einem kurzen Statement einer Vertrauensperson, die die Motivation steigern sich die Zeit zu nehmen auf den organisierten Filmabend zu gehen. Auf einer Veranstaltung wie dem Filmabend gibt es dann die Möglichkeit, sich auf der zentralen Route mit Informationen intensiv auseinanderzusetzen.

3.2   Von der Einstellung zum Verhalten: Die Theorie des geplanten Verhaltens

Eine Veränderung der Einstellung ist ein wichtiger erster Schritt. Jetzt weiß allerdings wahrscheinlich jede:r Leser:in dieses Buches, dass die Einstellung alleine häufig noch nicht reicht. Im Alltag ist es oft schwierig, die eigenen Überzeugungen umzusetzen. Ein gutes Beispiel im Unternehmenskontext sind Dienstreisen: Obwohl man vielleicht persönlich weniger Fliegen möchte, besteht für die Teilnahme an Geschäftsterminen häufig doch wieder ein (zumindest gefühlt wahrgenommener) Bedarf zu fliegen. Verschiedene psychologische Theorien beschäftigen sich entsprechend mit der Rolle von Einstellungen für unser Verhalten. Sie zeigen dabei weitere Faktoren auf, die neben der Einstellung für unser Verhalten ausschlaggebend sind. Die wohl bekannteste Theorie hierzu ist die Theorie des geplanten Verhaltens (Ajzen, 1991), die im Folgenden vorgestellt wird. Hauptthese der Theorie ist, dass es zwei unmittelbar das Verhalten bestimmende Faktoren gibt: (1) die wahrgenommene subjektive Verhaltenskontrolle und (2) die Handlungsabsicht (ebd.).

Wahrgenommene Verhaltenskontrolle: Unter der wahrgenommenen Verhaltenskontrolle wird die Fähigkeit einer Person verstanden, eine bestimmte Handlung auszuführen. Im Vordergrund steht hier die Frage, ob die Person über die notwendigen Ressourcen und Möglichkeiten für eine bestimmte Verhaltensweise verfügt. Die wahrgenommene subjektive Verhaltenskontrolle beschreibt dementsprechend, wie ein Mensch seine persönliche Möglichkeit und Schwierigkeit, eine Handlung selbst durchzuführen, einschätzt (ebd.). Wichtig ist hierbei im Kopf zu haben, dass es immer um die subjektive Einschätzung geht. Kommen wir auf unser Beispiel der Dienstreise zurück: Von außen mag man sagen, dass es doch ganz im eigenen Handlungsbereich der einzelnen Person liegt zu entscheiden, ob sie zu einem Geschäftstermin fliegt. Die meisten Leser:innen wissen allerdings wahrscheinlich aus eigener Erfahrung, dass für diese Entscheidung auch soziale Normen und Regularien ausschlaggebend sind. Für manche Reisen gäbe es die Möglichkeit, auf Bahn und Schiff umzusteigen. Wer das schon einmal für längere Strecken probiert hat, dürfte aber sowohl auf die Barrieren der sozialen Normen als auch auf die der Regularien gestoßen sein. Eine Verlängerung der Anreisezeit mit Bahn statt Flugzeug mag im Widerspruch liegen zur Vorstellung der:des Vorgesetzten, wie viel Arbeitszeit man hierfür aufwendet oder wie lange man seine Familie/Freund:innen alleine zurücklässt.

Handlungsabsicht (siehe Abb 3.2)
Neben der wahrgenommenen Verhaltenskontrolle bestimmt die Intention, also die Handlungsabsicht, das Verhalten einer Person. Die Intention zur Handlung selbst ist wiederum abhängig von den Faktoren der *Einstellung, der subjektiven Norm und der wahrgenommenen Verhaltenskontrolle*: (ebd.).

- **Einstellung:** Ein zentraler Einflussfaktor unseres Verhaltens ist wie oben beschrieben unsere Einstellung. Die Einstellung gegenüber einem Verhalten wird dadurch bestimmt, wie die Konsequenz des Verhaltens bewertet und welche Wichtigkeit der Konsequenz beigemessen wird: Welche Konsequenz hat es also

beispielsweise für mich, wenn ich eine Dienstreise absage? Wie wichtig ist dies
für meine Laufbahn?

- **Subjektive Norm:** Unter dem zweiten Einflussfaktor für die Handlungsabsicht,
  der subjektiven Norm, versteht man den Druck von relevanten Personen aus
  dem sozialen Umfeld, eine Handlung (nicht) auszuführen (ebd.). In unserem
  Fallbeispiel der Dienstreise waren dies die Normen dazu, wie lange man für eine
  Dienstreise von Arbeit und Zuhause weg ist.

- **Wahrgenommene Verhaltenskontrolle:** Außerdem wird die Handlungsabsicht,
  ebenso wie das tatsächliche Verhalten, von der wahrgenommenen Verhaltenskontrolle beeinflusst, welche auf bisherigen Erfahrungen und antizipierten
  Hindernissen basiert (ebd.). Wir erinnern uns hier wieder an das Beispiel der
  Dienstreise und der Regularien, die eine nachhaltige, aber viel teurere Dienstreise
  oft nicht vorsehen.

Die Strategiewahl: Die Theorie des geplanten Verhaltens zeigt uns auf, an welchen
„Stellschrauben" Einfluss auf Verhalten genommen werden kann. Einen großen
Faktor, die Einstellung und den Einstellungswandel, haben wir uns eben schon
angeschaut. Hier wollen wir nun noch einen Blick werfen auf die zwei weiteren Faktoren: wahrgenommene Verhaltenskontrolle & soziale Normen sowie auch
deren Zusammenhang. Zur Beeinflussung der wahrgenommenen Verhaltenskontrolle kann es insbesondere hilfreich sein, Handlungsalternativen und möglichst
einfache Umsetzungsmöglichkeiten aufzuzeigen. Drei Ansatzpunkte in Bezug auf
Dienstreisen sind hier (1) das Vermeiden von Reisen (z. B. Online-Teilnahme),

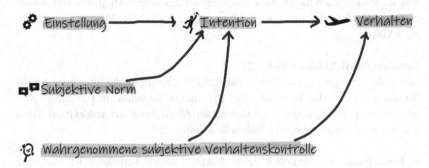

Abb. 3.2 Die Theorie des geplanten Verhaltens. Eigene Abbildung in Anlehnung an Ajzen
(1991)

(2) die Auswahl des Verkehrsmittels (z. B. Bahn statt Flugzeug) und (3) eine Reduktion und/oder Kompensation von CO_2 durch gute Reiseplanung und Kompensationsmaßnahmen (z. B. Verbindung mehrerer Reiseziele). An diesen drei Punkten kann man anhand unserer Überlegungen oben auch schon den Zusammenhang von wahrgenommenen Handlungsoptionen und sozialen Normen erkennen: Wird beispielsweise die Online-Teilnahme als gleichwertig wahrgenommen oder sind etwa bei hybriden Veranstaltungen die Online-Teilnehmer:innen „Teilnehmer:innen zweiter Klasse"? Seit der Corona-Pandemie haben sich hierzu sicherlich in den meisten Betrieben die sozialen Normen schon stark verschoben: Virtuelle Meetings sind heute deutlich verbreiteter als noch vor fünf Jahren. Das Beispiel zeigt auch: Häufig gelingt das Etablieren neuer Normen, „new ways of doing, thinking and organizing" (Frantzeskaki & Rok, 2018) durch das Ausprobieren und Experimentieren mit neuen Verhaltensoptionen.

Infobox: Klimaschonende Dienstreisen etablieren

Das *Karlsruher Reallabor Nachhaltiger Klimaschutz (KARLA)* untersucht, wie Dienstreisen klimaschonend gestaltet werden können. Dazu werden unterschiedliche Reiseformen von Mitarbeiter:innen des KIT in Form von Selbstexperimenten (siehe Kap. 5) erprobt. Eine Arbeitsgruppe kann zum Beispiel entscheiden, ein Jahr lang mehr oder zumindest weniger zu fliegen, stattdessen Reiseaufkommen zu vermeiden oder auf ein anderes Verkehrsmittel zurückgreifen. Die Erfahrungen bei der neuen Dienstreiseplanung werden dokumentiert und innerhalb der Einrichtung reflektiert. Spannend könnte sein, welche Hürden festgestellt wurden oder an welcher Stelle eine Institution Veränderungen angehen muss, um es den Mitarbeitenden einfacher zu machen, klimafreundlich zu reisen. Durch das Ziel „nicht oder wenig Fliegen" innerhalb der Arbeitsgruppe, verschiebt sich die soziale Norm zumindest für das Experimentierjahr, möglicherweise auch darüber hinaus. Durch das Feedback zur Veränderung der strukturellen Ebene, zum Beispiel auch mehrere Anreisetage zu bezahlen, wird die wahrgenommene Verhaltenskontrolle verändert.

Das Realexperiment läuft aktuell noch, wenn Sie Fragen dazu haben oder sich mit Ihrem Kollegium selbst beteiligen wollen, können Sie sich auf der Seite von KARLA informieren: https://www.reallabor-karla.de/klimaschonend-reisen.php

3.3 Die psychologischen Grenzen des Einstellungs- und Verhaltensansatzes und andere Wege zur Transformation

Vielfach wird der Schlüssel zur erfolgreichen Transformation in einer Veränderung der Einstellung sowie des Verhaltens der Individuen gesehen; kritisch benannt als *ABC-Methode – Attitude, Behaviour Change* (Shove, 2010): Wir alle haben sicherlich schon oft die Aussage gehört, dass wenn doch alle über die Klimakrise Bescheid wüssten und aufgrund dessen nicht mehr Fliegen/kein Fleisch mehr essen/… würden, dann könnten wir in einer nachhaltigen Gesellschaft leben. Nachfolgend wollen wir uns mit drei psychologischen Barrieren der *ABC-Methode* auseinandersetzen (siehe Abb. 3.3) sowie einen weiteren Blick auf andere Wege zur Transformation werfen (siehe Abb. 3.4).

An dieser Stelle sei noch dazu gesagt, dass es ebenso strukturelle und räumliche Bedingungen gibt, die durch individuelles Handeln nur sehr begrenzt veränderbar sind (siehe auch Kap. 1), z. B. bestehende Infrastruktur oder auch andere historisch gewachsene Einflüsse (vgl. de Roeck & van Poeck, 2023). Das heißt allerdings nicht, dass wir die systemischen Herausforderungen hinnehmen müssen, allerdings sind dafür andere kollektive Handlungen, z. B. Einfluss auf

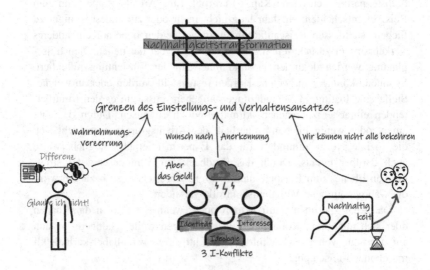

Abb. 3.3 Barrieren des Einstellungs- und Verhaltensansatzes. Eigene Abbildung

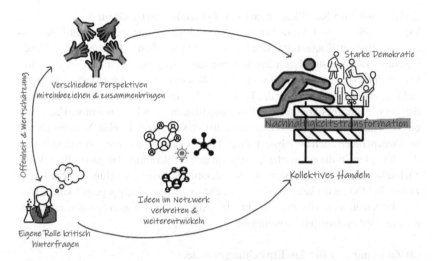

Abb. 3.4 Andere Wege zur Transformation und für eine starke Demokratie. Eigene Abbildung

politische Entscheidungsfindung, notwendig. Genauer könnten wir uns das in einem anderen Buch anschauen.

(1) Wahrnehmungsverzerrungen: Informationen helfen nicht immer
Die Ergebnisse psychologischer Forschung zeigen, dass mehr Informationen nicht grundsätzlich zu einem Einstellungs- und Verhaltenswandel führen; sie können sogar genau das Gegenteil bewirken. Die bisherige Einstellung, z. B. zum Klimawandel, kann die Verarbeitung und Bewertung von Informationen so beeinflussen, dass die ursprüngliche Einstellung erhalten bleibt oder sogar noch verstärkt wird (Oswald & Grosjean, 2004). Basierend auf der Theorie der kognitiven Dissonanz (Festinger, 1957) konnten Studien zeigen, dass Personen nicht nur Informationen eher wahrnehmen und erinnern, die ihrer Meinung entsprechen, sondern auch die Glaubwürdigkeit von Quellen hiervon abhängig beurteilen. Infolgedessen kann es durch die Bereitstellung von Informationen sogar zu einer Festigung der bisherigen Einstellung kommen, wenn die Person eine Differenz zwischen den neuen Informationen und ihrer Meinung wahrnimmt und die neuen Informationen abwertet, um eine kognitive Dissonanz zu vermeiden (Oswald & Grosjean, 2004).

(2) Die Tiefe von Konflikten beachten: Fehlende Wertschätzung
Vielfach geht es in Gesprächen um Nachhaltigkeit, sowohl im beruflichen als
auch politischen Kontext, um Hindernisse, wie entstehende Kosten bzw. fehlende
Gewinne. Den meisten Leser:innen dürfte diese Argumentation aus dem eigenen
Unternehmenskontext bekannt sein. Der Politikwissenschaftler Francis Fukuyama
stellt in seinem Buch Identity die These auf, dass es bei Konflikten aber nicht wirk-
lich immer nur um ökonomische Ressourcenkonflikte geht, sondern vielfach auch
um fehlende Anerkennung (Fukuyama, 2018); so kann z. B. eine Neuausrichtung
im Unternehmen auch als Abwertung etablierter Handlungsweisen verstanden werden. So spiegeln ökonomische Unsicherheiten nicht immer das ganze Bild wider.
Vielmehr müssen wir ein erweitertes Verständnis für Konflikte dahinter (siehe Kap. 2
zu den drei I's) entwickeln, um diesen Mechanismen gezielt entgegenwirken zu können. Informationen, die auf vorgebrachte Argumente wie z. B. Kosten eingehen,
reichen hierbei dann häufig nicht aus.

(3) Zu wenig Zeit für den Einstellungswandel
Die Theorie der kognitiven Dissonanz und die psychologisch-politikwissen-
schaftlichen Ergebnisse zur Rolle von Identitäten und Wertschätzung zeigen uns
die Schwierigkeiten der ABC-Methode auf; und sie erklären auch, warum wir mit
dem „Informationsmodell" teilweise sogar mehr Reaktanzen schaffen können. Doch
selbst wenn wir diese beiden Punkte vollumfänglich in unserer Kommunikationsstrategie berücksichtigen würden, müssen wir ganz pragmatisch feststellen: Uns
bleibt sicherlich nicht mehr genug Zeit „alle zu bekehren", sich aus eigenem Wunsch
heraus gegen den Klimawandel einzusetzen und für Nachhaltigkeit zu engagieren.
Vor dem Hintergrund der bisherigen Verfehlung der Klimaziele ist jedoch schnelles
Handeln notwendig. „Accelerating transitions" ist zu einem Kernziel der Agenda
der Transformationsforschung geworden.

Andere Wege zur Transformation:
Die oben vorgestellten klassischen Theorien zum Einstellungs- und Verhaltenswandel aus der Psychologie entsprechen dem historischen Fokus der Umweltpsychologie in ihren Beiträgen auf individuelles umweltbewusstes Verhalten abzuzie-
len (Wullenkord & Hamann, 2021). In den letzten Jahren hat sich ein neuer
Forschungsstrang entwickelt, der sich vermehrt auf die Kraft bezieht, die durch
kollektives Handeln entsteht: Was *ich* alleine nicht schaffe, können *wir* gemeinsam
umsetzen (vgl. Masson & Fritsche, 2021). Diesem anderen Weg zur Transformation
wollen wir uns daher im folgenden Teil des Buches vertieft widmen. Wir wollen
uns dabei anschauen, welche Chancen sich aus einem Fokus zum kollektiven Handeln ergeben, welche ganz eigenen Risiken es aber auch mit sich bringt und wie

man damit umgehen kann. Dabei wird für das Gelingen der Transformation nicht das Scaling, also das Vergrößern einzelner Ideen ausschlaggebend sein (vgl. Bögel et al., 2022); vielmehr ist es entscheidend, in verschiedenen Netzwerken neue Ideen entstehen zu lassen, die in weitere Netzwerke springen.

Dieser Weg des gemeinsamen Handelns kann nur auf einem Fundament *gegenseitiger Offenheit und Wertschätzung* erfolgen (siehe auch Kap. 2.2). Wie in den Charakteristika der Nachhaltigkeitstransformation (siehe Kap. 1) beschrieben, beinhalten Nachhaltigkeitsprozesse eine normative Dimension. Das heißt, dass Vorstellungen darüber, wie Nachhaltigkeit aussehen kann, was genau damit gemeint ist und wer dafür verantwortlich ist, sehr unterschiedlich sein können. Daher ist es wünschenswert, unterschiedliche Perspektiven von Menschen mit verschiedenen Positionen, Geschlechtern, Alter, ... einzubeziehen und gleichwertig zu behandeln.

Auch aus einer demokratietheoretischen Perspektive ist es erstrebenswert, unterschiedliche Menschen mitzunehmen, anstatt sie zu belehren. Dies fördert nicht nur die Akzeptanz, sondern ist auch wesentlich für die Entwicklung unserer Demokratie. Thomas Bruhn (2020) vom Forschungsinstitut für Nachhaltigkeit (rifs) hat dies in Bezug auf Nachhaltigkeitsprojekte mit verschiedenen Akteur:innen in einem Interview sehr schön beschrieben: "Wir nehmen jede:n wertschätzend so an, wie er oder sie ist. Ich habe selber nicht den Wunsch, und ich finde es auch problematisch, Menschen einen anderen Bewusstseinszustand nahelegen zu wollen oder zu behaupten, dieser oder jener sei besser oder angemessener als ein anderer." Damit hätten wir das letzte und aus meiner Sicht wichtigste Argument gegen die *ABC-Methode* zusammengebracht mit unseren Gedanken für einen neuen Weg zur Transformation: gemeinsam auf Augenhöhe mehr bewegen.

Dass nicht immer zu Beginn von Projekten ‚Weltrettungsgedanken' im Vordergrund stehen müssen oder Beteiligte zu einem Einstellungswandel motiviert werden müssen, und trotzdem einen nachhaltigen Impact zu bewirken, zeigt im Folgenden eindrucksvoll das Beispiel der Belegschaftsgenossenschaft für regenerative Energieerzeugung e.G. der Erzeugergemeinschaft für Qualitätsvieh Hümmling e.G. in Lorup.

3.4   Fallbeispiel: Die Beleggenossenschaft Hümmling

In einer Belegschaftsgenossenschaft beteiligen sich die Mitarbeitenden eines Unternehmens, welche Mitglieder der EG werden können, gemeinsam an der Energiewende und tragen selbst Verantwortung für üblicherweise PV-Anlagen auf dem Dach ihres Unternehmens (Allbauer et al., 2013). Die Initiative kann dabei zum Beispiel von ökologisch oder wirtschaftlich interessierten Mitarbeiter:innen ausgehen. Immer wieder nutzen auch Betriebs- oder Personalräte die Chance, um die Belegschaftsgenossenschaft mit ihren betrieblichen Vertretungsstrukturen zu verbinden (Clausen, 2014).

Bei der Hümmlinger regenerativen Energiegenossenschaft ergriff der Geschäftsführer der Erzeugergemeinschaft für Qualitätsvieh im Jahr 2011 die Initiative, als eine riesige Dachfläche auf einer Fahrzeughalle zur Verfügung stand. Über Gespräche mit den Mitarbeitenden bekam er mit, dass sich die Angestellten über die PV-Anlagen auf landwirtschaftlichen Gebäuden austauschten und selbst keine eigene Fläche für PV zur Verfügung hatten. Anstatt als Erzeugergemeinschaft die eigenen Flächen mit dem klimafreundlichen Stromerzeuger zu bedecken und die Rendite für das Unternehmen einzuheimsen, überzeugte der Geschäftsführer Bernd Terhalle den Aufsichtsrat, die PV Anlage über eine Mitarbeitendengenossenschaft zu betreiben. In einem Interview erzählte uns Herr Terhalle, welcher auch Vorstand der Belegschaftsgenossenschaft ist, von der Entstehungsgeschichte sowie von seinem Interesse daran möglichst alle Mitarbeitenden unabhängig von ihrer finanziellen Situation mitzunehmen.

Terhalles Ziel ist es, die Mitarbeitenden an den Betrieb zu binden und ihnen neben dem Lohn und der Betriebsrente etwas zu bieten – nämlich auch ohne private Dachfläche eine PV-Anlage zu betreiben und Rendite zu erhalten. Damit überzeugte er den Aufsichtsrat, auf den Ertrag der PV-Anlage zu verzichten und die PV-Anlage mit Eigenkapital zu finanzieren. So konnte im April 2012 die PV-Anlage auf der Fahrzeughalle installiert werden und im Sommer 2012 gründete sich die Belegschaftsgenossenschaft, bei der alle Mitglied werden können, die bereits mehr als drei Jahre im Betrieb arbeiten.

Ein Großteil der Belegschaft war begeistert, doch nicht alle konnten sich zu Beginn eine Beteiligung leisten. Herr Terhalle berichtete, dass gerade junge Familien oder solche, die ein Haus gebaut hatten, keinen Anteil kaufen konnten. Das wollte er so nicht stehen lassen und bot den EZG Mitarbeiter:innen ein Darlehen mit niedrigem Zins an, mit dem sich die Angestellten Anteile kauften und trotzdem Rendite erhalten konnten. Dadurch überzeugte der Geschäftsführer einen weiteren Teil der Belegschaft. Um möglichst allen das „Ich bin dabei"-Gefühl (bei der PV-Genossenschaft und der Energiewende) zu ermöglichen, setzte die Genossenschaft den Mindestbetrag auf 50 € herunter. Somit gibt es keine finanzielle Hürde mehr, sich an der Energiegenossenschaft zu beteiligen.

Ebenso war ihm von Anfang an wichtig, dass das Engagement in der Genossenschaft nicht zur zusätzlichen Belastung werden sollte; die Buchhaltungsarbeit kann innerhalb der Arbeitszeit erledigt werden. Außerdem finden die Generalversammlungen der Belegschaftsgenossenschaft direkt im Anschluss an die Arbeitszeit statt und werden wie diese vergütet. Auf die Nachfrage, wie er auf diese fortschrittlichen und damit fairnessfördernden Ideen kam, antwortet Herr Terhalle ganz selbstverständlich, er habe das „Ohr am Zahn der Zeit" gehabt und seinen Mitarbeitenden zugehört. Sie tauschten sich immer wieder über den PV-Boom bei Landwirt:innen aus, woraus er ein Interesse an Photovoltaik und dessen Rendite schloss. Gleichzeitig nahm er wahr, dass bei vielen das Geld fehlte. Ein geringer Mindestanteil und betriebliche Darlehen waren für ihn somit selbstverständlich.

Und es zeigt Wirkung, gut 60 % der Belegschaft sind Teil der Energiegenossenschaft und das Interesse an Photovoltaik beschränkt sich nicht mehr nur auf die Rendite. Auf den Generalversammlungen werden von den Mitgliedern Verbesserungsideen gesammelt. So fliegt ein Mitarbeiter mit seiner Drohne über die Dachfläche, um die PV-Module zu kontrollieren. Außerdem interessiert sich die Belegschaft sehr für die aktuelle und vergangene Erzeugung und möchte zur Darstellung der Stromerzeugungswerte einen Monitor im Betriebsgebäude anbringen; darum kümmert sich aktuell die Genossenschaft. Zwar gibt es bereits die Möglichkeit, die Werte in einer App abzulesen, dennoch wünschen sich die Mitglieder eine besser sichtbare Darstellung; ein Wunsch, der auch die Freude und den Stolz der eigenen Stromerzeugung widerspiegelt.

Das Beispiel der Belegschaftsgenossenschaft Hümmling macht deutlich, dass eine gerechte Energiewende mit hoher Teilhabe nicht immer aus einem Einstellungswandel oder bereits vorhandenem Interesse an Klimagerechtigkeit hervorgehen muss. Auch andere Gründe, wie wirtschaftliche Vorteile oder der Wunsch der Bindung der Mitarbeitenden an ein Unternehmen (Clausen, 2014) können Startpunkte für transformative Projekte sein. In diesem Beispielprojekt entwickelte sich im Laufe der Genossenschaft eine stärkere Motivation an der regenerativen Energieerzeugung an sich, nicht durch Infoveranstaltungen oder Belehren der Mitglieder, sondern durch praktisches Tun – das gemeinsame Betreiben der Anlage. Zusätzlich, erzählte der Genossenschaftsvorstand, entsteht durch das „Wir"-Gefühl der Mitglieder eine neue Gruppenidentität, die durch die kostengünstigen Genossenschaftsanteile allen offensteht.

Gemeinsam ins Handeln kommen – Chancen, Risiken und neue Wege

4.1 Soziale Identität: Unser „Wir" & unser Verhalten

Das Fallbeispiel zeigt einen wesentlichen Motivationsfaktor für eine Beteiligung an der Energiewende: die Chance, Teil einer Gemeinschaft zu sein. Dahinter steckt unser Bedürfnis nach Gemeinschaft, das ein wesentlicher Motivator für unsere Handlung ist (siehe auch die self-determination theory in Kap. 2). Vertiefend widmet sich diesem Phänomen des kollektiven Handelns die psychologische Forschung zur sozialen Identität. Eine erste Idee dieses Forschungsfeldes bekommt man, wenn man im Kopf einmal den Satz vervollständigt „Ich bin…". Diese Dinge beschreiben sowohl unsere persönliche Identität *(self-identity)* als auch unsere Mitgliedschaft in einer Gruppe (vgl. Stürmer & Siem, 2020). Eines der wohl illustrativsten Beispiele hierfür bei uns im Land ist die soziale Identität als Fan eines Fußballclubs.

Das zeigt auch schon gut einen entscheidenden Faktor auf: Zu unserer sozialen Identität wird eine solche Mitgliedschaft immer dann, wenn sie nicht rein einer Kategorie entspricht, sondern auch emotional für uns relevant ist (Gollwitzer & Schmitt, 2009). Als wichtiger Teil der Identität haben die Gruppenzugehörigkeiten dann Einfluss auf Normen, Werte und Ziele einer Person und bestimmen so wesentlich unser Verhalten. Die Theorie der Sozialen Identität nach Tajfel und Turner (1979) ist die wohl einflussreichste Theorie der Sozialpsychologie, die den Einfluss von Gruppen auf Verhalten ebenso wie das Verhalten zwischen sozialen Gruppen erklärt. Neuere Theorien schauen auch speziell auf den Einfluss unserer sozialen Identität auf unser Handeln im Kontext von Nachhaltigkeit (z. B. das SIMPEA-Modell von Fritsche et al., 2017).

P. M. Bögel, *Nachhaltigkeitstransformationen erfolgreich initiieren und gestalten*, essentials, https://doi.org/10.1007/978-3-662-68693-5_4

4.2 Soziale Identität als Chance für die Nachhaltigkeitstransformation

In der Literatur zur Transformationsforschung wird die soziale Identität inzwischen als besonders relevanter Faktor für die Nachhaltigkeitstransformation gesehen (Bögel et al., 2023). Erste Arbeiten hierzu zeigen die entscheidende Rolle von Identität für verschiedene Transformationsprozesse, z. B. die Mobilitätswende (Gössling, 2017), die Agrarwende (Janssen et al., 2022) und die Energiewende (Jans, 2021). In Bezug auf die Energiewende konnte beispielsweise u. a. von der Umweltpsychologin Prof.in Lise Jans (2021) gezeigt werden, dass die Identifikation mit einer Gruppe, die die Intention und Motivation zur Förderung erneuerbarer Energien teilt, etwa in Form einer Energiegenossenschaft, zum eigenen Engagement beitragen kann.

Strategiewahl: Die sozialpsychologische Forschung zur Identität zeigt uns eindrucksvoll die Rolle eines Gemeinschaftsgefühls auf, wenn wir eine nachhaltige Entwicklung stärken wollen. Für unser eigenes Handeln für die Nachhaltigkeitstransformation kann dies auf verschiedene Weisen genutzt werden: (1) Um unsere eigene Motivation zu stärken, kann es helfen, sich eine entsprechende Peer-Group zu suchen, um gemeinsam aktiv zu werden. Gerade Nachhaltigkeitsverantwortliche in Unternehmen sind häufig noch 1-oder bestenfalls 2-Personen-Abteilungen und die Einbindung in ein Netzwerk kann hier unterstützend wirken, um die Motivation zu steigern, aber auch um von kollektiven Lernprozessen zu profitieren (Moilanen & Alasoini, 2023). Die Peer School for Sustainable Development, die es sich zum Ziel gesetzt hat, Nachhaltigkeitsmanager:innen in Unternehmen zu vernetzen (siehe Infobox) ist hierzu ein ganz wunderbares Beispiel. (2) Über einen reinen Peer-Austausch hinaus kann es auch hilfreich sein, sich bzw. auch andere Kolleg:innen, die man zum Mitmachen motivieren möchte, in Multi-Akteursnetzwerke einzubinden. Im Sinne der Selbstwirksamkeit (Kap. 2 und 3) ist die Beteiligung an direkt transformativen Projekten hierfür besonders zielführend, z. B. gemeinsame Projekte mit anderen Akteur:innen wie der Kommune oder lokalen Initiativen. (3) Hierbei kann man entweder bestehenden Netzwerken beitreten oder eigene Netzwerke gründen.

Die Peer School for Sustainable Development
In der Peer School for Sustainable Development haben sich Nachhaltigkeitsexpert:innen, die in verschiedensten Organisationen Transformationsprozesse vorantreiben, zusammengeschlossen. Damit haben sie den ersten gemeinnützigen Verein gegründet, der unabhängig von einzelnen Organisationen Lösungsansätze für unternehmerische Nachhaltigkeitstransformation entwickelt. Ziel der Peer School ist, einen Raum zu schaffen, in dem die Mitglieder mit- und voneinander lernen und ihre Expertise ebenso wie ihre Erfahrungen teilen können. Dafür finden regelmäßig Veranstaltungen, Workshops und Formate zur gemeinsamen Bearbeitung herausfordernder Aufgaben der Mitglieder statt.

Eine wissenschaftliche Studie zu organisationaler Transformation & Nachhaltigkeit, u. a. zur Rolle von Netzwerken für Nachhaltigekeitsmanager:innen, die ich mit Kolleg:innen geschrieben habe, findet sich in der Zeitschrift für Praktiker:innen *PersonalQuarterly:* PersonalQuarterly 2/ 2022 (haufe.de).

4.3   Soziale Identität als Risiko: Die dunkle Seite des „Wir"-Gefühls

Vielleicht hatten sie bei dem Beispiel des Fußballclubs als sozialer Identität nicht nur das Bild ihres Lieblingsvereins vor Augen, sondern auch das Bild des Großaufgebots der Polizei bei Fußballspielen; immer wieder geraten hier Fangruppen rivalisierender Vereine aneinander: ein typisches „Wir" versus „Die". Der Zusammenhalt als Gruppe kann also auch negative Folgen haben, wie etwa die bewusste und teilweise auch radikale Abgrenzung von anderen Gruppen.

Die oben genannte Social Identity Theory (Tafjel & Turner, 1979) zeigt, dass Menschen sich bestimmten Gruppen (Ingroup) zuordnen und sich damit oft klar von anderen Gruppen abgrenzen (Outgroup). Dabei zeigen sie positivere Gefühle und Verhalten gegenüber den Mitgliedern ihrer eigenen Gruppe im Vergleich zu Mitgliedern der Outgroup. Ebenso neigen Menschen dazu, die eigenen Gruppenmitglieder viel differenzierter zu betrachten, während sie die Outgroup vereinheitlichen. Ein Fokus auf eine starke innere Gruppenidentität kann also auch mit negativen Effekten einhergehen, wenn es darum geht im Rahmen eines #Multi-Akteursprozesses (siehe Kap. 1) mit anderen Akteursgruppen zusammenarbeiten.

Die Folgen hiervon sehen wir direkt im organisationalen Kontext; nicht umsonst trägt eine empirische Studie zu Nachhaltigkeitsverantwortlichen den Titel „Hippies on the third floor" (Wright et al., 2012). Die Studie erfasst genau die Identitätsdifferenzen, die in Unternehmen auftreten zwischen den Nachhaltigkeitsverantwortlichen und anderen Abteilungen und die Abgrenzungseffekte, die dieser Bildung von Gruppenidentität folgt. Sie zeigt dabei auch die Herausforderungen davon auf als Nachhaltigkeitsmanager:innen und Berater:innen „zwischen den Fronten" zu stehen. Die Debatte wird dadurch verstärkt, dass sie nicht nur im Unternehmen stattfindet, sondern eingebettet ist, in einen größeren gesellschaftlichen Diskurs zur Nachhaltigkeit und einer zunehmenden gesellschaftlichen Spaltung auch zu diesem Thema (Zilles & Marg, 2022).

Studien zur Rolle von Identität für Nachhaltigkeitstransformation zeigen entsprechend den zweischneidigen Effekt der sozialen Identität auf das Engagement für Nachhaltigkeit und die Inklusivität des Engagements im Besonderen haben kann. Es besteht die Gefahr, dass die Bildung von Gruppenidentität zu einer Exklusivität von Nachhaltigkeitsgruppen und Konflikten zwischen den Gruppen führen kann (Doell et al., 2021; Zilles & Marg, 2022). Es ist wichtig diese Ursachen für Handlungen zu verstehen, um daraus dann Lösungen entwickeln zu können.

4.4   Die Spaltung überwinden

Die Überwindung eines „Wir" versus „Die" Gefühls in Bezug auf Nachhaltigkeitstransformationen und -fragen ist besonders wichtig, denn wenn wir alle zusammen eine gemeinsame Zukunft gestalten wollen, können wir nicht nicht miteinander reden, nur weil der eine gerne ein Nackensteak auf dem Grill hätte und der andere lieber ein Tofuwürstchen. Stattdessen müssen wir wieder versuchen, einander mit Wertschätzung zu begegnen (other-affirmation, siehe Abschn. 2.2) und daran arbeiten, Gemeinsamkeiten zu finden statt Gegensätze zu betonen.

Aus der Psychologie gibt es zu diesem Thema das *Common Ingroup Identity Model* (CIIM) von Gaertner und Dovidio (2011). Das Modell propagiert das Ziel, die Barrieren zwischen verschiedenen Gruppen zu vermindern, ohne

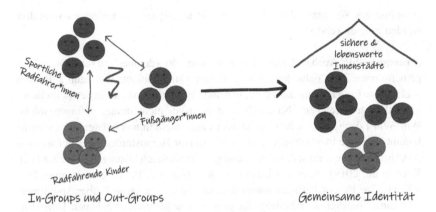

Abb. 4.1 Das Common Ingroup Identity Model. (Eigene Abbildung in Anlehnung an Gaertner & Dovidio (2011))

die eigene Gruppenzugehörigkeit aufgeben zu müssen. Vielmehr soll aus verschiedenen Untergruppen eine gemeinsame Verbindung geschaffen werden. Wir erinnern uns an den erfolgreichen Volksentscheid Fahrrad in Berlin (siehe Kap. 1), bei dem konfliktierende Gruppen unter dem Narrativ der sicheren und gerechten Verkehrsinfrastruktur, einer neuen gemeinsamen Gruppenidentität, zusammengebracht wurden (siehe Abb. 4.1) (Becker et al., 2021).

Die Grundlage des CIIM ist die Erkenntnis, dass Menschen gleichzeitig mehrere soziale Identitäten haben, mit denen sie unterschiedlichen Gruppen angehören (Gaertner & Dovidio, 2011). Das bietet die Chance ingroup- und outgroup-Mitglieder innerhalb einer neuen Kategoriengrenze miteinander zu verbinden, zum Beispiel als Mitarbeiter:innen eines Unternehmens (trotz verschiedener Abteilungen) oder im Falle des Fahrradentscheids als Radfahrer:innen aller Untergruppen (sportlich, Kinder, Freizeit etc.). Dadurch können positive Gefühle gegenüber all denen, die vorher noch zur Outgroup zählten, entwickelt werden. Gaertner und Dovidio (2011) unterscheiden dabei zwischen zwei Repräsentationsformen: der Ein-Gruppen Repräsentation und der Dual-Identity. Bei ersterem steht die Gesamtgruppenidentität im Vordergrund und die Untergruppen-Identifikation wird verringert. Über die Dual-Identity werden Gruppenunterschiede anerkannt und gleichzeitig eine moralische Inklusivität geschaffen. Bei beiden Varianten wurde festgestellt, dass übergreifende Freundschaften, Hilfsbereitschaft, Vertrauen und Vergebung steigen, während verzerrte Darstellungen zwischen den Gruppen sinken. Aus dem „Wir gegen Die" wird ein gemeinsames Wir ohne, dass Haltungen und Identitäten der Einzelnen verändert werden müssen (ebd.).

Strategiewahl: Auch im Unternehmenskontext gilt es demnach zu schauen, welche gemeinsamen Ziele gefunden werden können. Ganz konkret: Wie kann z. B. eine nachhaltige Entwicklung dazu beitragen andere Unternehmensziele, etwa im Bereich Sales, zu erreichen? Natürlich wird es dabei nicht immer gelingen solche Win–Win-Lösungen zu schaffen und das ist auch nicht immer notwendig; vielmehr kommt es auf die Idee dahinter an, die Ziele und die Herausforderungen der anderen Abteilungen ebenso ernst zu nehmen und gemeinsam nach Lösungen zu suchen (vgl. Koch et al., 2019). Auch ein Boundary Object, also z. B. ein gemeinsames Projekt wie eine Belegschaftsgenossenschaft, kann dazu dienen auch über Abteilungs- oder Einstellungsgrenzen hinweg eine gemeinsame Identität aufzubauen. Unbestritten kann es manchmal anstrengend sein den eigenen Standpunkt immer wieder zu erweitern und neue Wege zu suchen, aber es lohnt sich immer, denn nur gemeinsam können wir eine Jahrhundertaufgabe wie die Nachhaltigkeitstransformation bewältigen.

4.5 Fallbeispiel: BalkonNetz

Die Energiewende ist aktuell (noch) vor allem männlich, technisch-fokussiert und akademisch geprägt und die Teilnahme daran wird begünstigt durch Zeit sowie Eigentum (Radtke & Drewing, 2020; Sovacool et al., 2022). Ein dänischer Forscher betitelte einen Forschungsartikel mal sehr passend mit *„We forgot half of the population!"* (Tjørring, 2016). Um der Frage nachzugehen, wie mehr Bürger:innen ermutigt werden können, sich in der Energiewende zu engagieren, griff ich gemeinsam mit Kolleg:innen am Karlsruher Institut für Technologie beim Realexperiment „Dein BalkonNetz – Energie schafft Gemeinschaft" gezielt auf das CIIM zurück.

Im Reallabor „Quartier Zukunft" starteten wir das „BalkonNetz" Realexperiment, bei dem wir in einem mehrjährigen Forschungszeitraum 22 Balkon Solarmodule an Karlsruher:innen vergaben (Projektablauf siehe Abb. 4.2). Bewusst haben wir dazu vorab unterrepräsentierte Gruppen der Energiewenden angesprochen, insbesondere Frauen, Mieter:innen (statt Hausbesitzer:innen) und Nicht Akademiker:innen – alle mit ganz unterschiedlichen Motivationen zur Teilnahme: von einem hohen Interesse an Nachhaltigkeit, über Technikfreude zur Motivation an finanziellen Gewinnen. Ein so diverses Spektrum an Teilnehmenden, bedeutet aber auch, dass verschiedenste Menschen zusammenkommen, die zunächst unterschiedlichen sozialen Gruppen angehören. Im ersten Experimentjahr sollte die Gruppe Balkonmodule gemeinsam ausprobieren und sich eine gemeinsame Gruppenidentität aufbauen – mit dem Ziel sich gegenseitig zu unterstützen, voneinander zu lernen und weitere gemeinsame Ziele zu entwickeln (Bögel et al., 2023). Der Ablauf des Projekts ist in Abb. 4.2 illustriert.

Relevant für die gemeinsame Identitätsbildung waren insbesondere interaktive Workshops, das Berücksichtigen unterschiedlicher Bedürfnisse und das Verknüpfen verschiedener Interessen (ebd.). Konkret fanden im ersten Jahr fünf Gruppenworkshops statt, bei denen sich die Teilnehmenden kennenlernten, in kleinen Gruppen arbeiteten und bei denen viele interaktive Formate und Austauschmöglichkeiten über persönliche Erfahrungen zur Gruppenbildung genutzt wurden. Während des Prozesses wurde auf Wünsche der Teilnehmenden eingegangen und sie wurden durch ein Online-Forum sowie bei Bedarf durch eine individuelle Beratung durch uns und unseren Projektpartner, die Karlsruher Energie- und Klimaschutzagentur, begleitet. (ebd.)

Nun stellt sich natürlich die Frage, ob nach einem Experimentierjahr ein gemeinsames Ziel und eine Gruppenidentität aufgebaut werden konnten. In einer empirischen Erhebung bestätigten die Teilnehmenden, trotz sehr unterschiedlicher Hintergründe, ein hohes Zusammengehörigkeitsgefühl in der Gruppe entwickelt zu haben (siehe Abb. 4.2: Ergebnisse). Ebenso erfreulich ist der beobachtete Rollenwandel: Im Zusammenhang mit der Gruppenidentität fühlen sie sich darin bestärkt, sich in der Energiewende zu engagieren und etwas verändern zu können (Trenks & Bögel, in press).

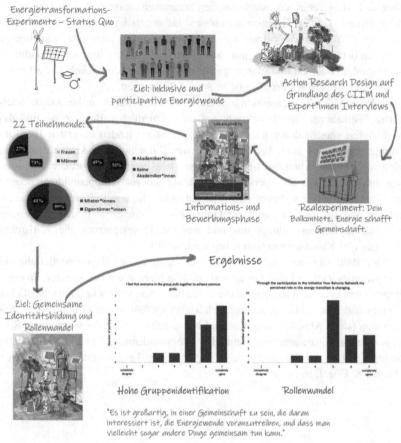

Abb. 4.2 Forschungsdesign und Ablauf des Projektes „Dein BalkonNetz – Energie schafft Gemeinschaft". (Eigene Abbildung in Anlehnung an Bögel et al. (2023))

Weitere Infos zum Projekt „Dein BalkonNetz"
Das Realexperiment „Dein BalkonNetz" ist unter anderem durch seinen inklusiven Ansatz, ein Vorzeigeprojekt geworden; darauf sind wir ganz

schön stolz. Für alle Interessierten gibt es noch einiges zum Durchstöbern, Nachlesen, -hören und -schauen!

- In diesem Video stellen wir das Projekt, die zugrunde liegenden Theorien und erste Forschungsergebnisse vor: https://www.youtube.com/watch?v=OsP15qH_0d0
- Auf meinem Energieblog habe ich die Ergebnisse unseres Wissenschaftsartikels „Diversifying power in action: A socio-psychological approach to inclusive energy transition experiments" kurz zusammengefasst: https://www.paulaboegel.de/gemeinschaft-schafft-energie-energieschafft-gemeinschaft/#more-5851
- Außerdem hat es das BalkonNetz in das Energiewendemagazin der Elektrizitätswerke Schönau zum Thema „Bezahlbare ENergie für alle" geschafft: https://www.ews-schoenau.de/energiewende-magazin/zur-sache/bezahlbare-energie-fuer-alle/
- Für alle, die gerne Podcast hören, findet sich hier eine Folge von „Labor Zukunft – Forschung ohne Kittel" zur inklusiven Energiewende: https://open.spotify.com/episode/1GeDCw4LzHpdCdZMgzXftF

Die Rolle des Experimentierens – new ways of doing, thinking and organizing im Unternehmen ausprobieren

5

Doch wo jetzt starten mit all den neu gewonnenen Erkenntnissen?

Für die konkrete Umsetzung von Transformationsprozessen soll es in diesem Kapitel um praktische Tipps und Anregungen aus der Praxis gehen. Hierfür greifen wir noch einmal auf die Transformationsforschung zurück. Ein Modell, das bei Transformationsprozessen angewandt werden kann, sind die vier Aktivitätscluster des Transformationsmanagements (Loorbach et al., 2008). Die Aktivitätscluster dienen als praktisches Tool, um Transformationsprozesse auf den verschiedenen Ebenen zu managen und sie verstehen sich als fortlaufender Prozess, in dem stetig neue Erfahrungen, Reflexionen und Aktivitäten einfließen. Das Transformationsmanagement ist in einem zyklischen Modell dargestellt (siehe Abb. 5.1 – am Beispiel der Dienstreise). Die Cluster umfassen: (1) Problemstrukturierung und Vision, (2) Agenda-Building und Netzwerkarbeit, (3) Experimentieren und Verbreiten und (4) Überwachung, Bewertung und Anpassung.

Ein wichtiger Aspekt des Transformationsmanagements und dem Experimentier-Ansatz ist es, dass Menschen sich auf persönlicher Ebene darin unterstützt fühlen, von persönlichen Annahmen und gesellschaftlichen Konventionen Abstand zu nehmen und Neues ausprobieren zu können (Loorbach & Wittmayer, 2023). Dafür ist es wichtig, dass ein Raum geschaffen wird, der Fehler zulässt und geläufige Praktiken kritisch hinterfragt (Loorbach et al., 2008). Konkrete Projekte, die Handlungsbedarfe am Arbeitsplatz adressieren und zu einer gemeinsamen Vision führen, bieten ein großes Potenzial für gelingendes Transformationsmanagement.

© Der/die Autor(en), exklusiv lizenziert an Springer-Verlag GmbH, DE, ein Teil von Springer Nature 2024
P. M. Bögel, *Nachhaltigkeitstransformationen erfolgreich initiieren und gestalten*, essentials, https://doi.org/10.1007/978-3-662-68693-5_5

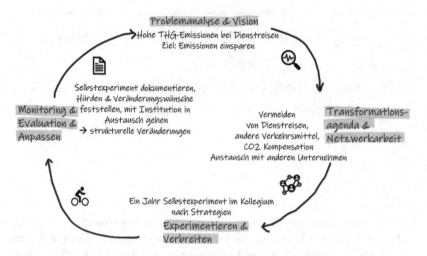

Abb. 5.1 Die vier Aktivitätscluster am Beispiel der Dienstreise. (Eigene Abbildung in Anlehnung an Loorbach & Wittmayer (2023))

Als Teil des mehrstufigen Prozesses des Transformationsmanagements, bieten sich Selbstexperimente (siehe Infobox in Kap. 3) an, um direkt ins Handeln zu kommen und somit „new ways of doing, thinking and organizing" (Frantzeskaki & Rok, 2018) auszuprobieren. Durch Selbstexperimente können neue Erfahrungen im Alltag gemacht werden, ohne direkt Grundsatzentscheidungen treffen zu müssen. Nachhaltigkeit wird dadurch greif- und erfahrbar und eigene Routinen können reflektiert werden. Im Unternehmenskontext ist es zielführend, die Auswahl der Experimente mit weiteren Unternehmenszielen zu verbinden und entsprechend zu kommunizieren; so können Mitarbeiter:innen mit unterschiedlichen Perspektiven und Motivationen angesprochen werden (siehe Kap. 4). Beispielsweise kann durch weniger Dienstreisen Budget gespart werden, was vom Unternehmen anderweitig eingesetzt werden kann – hier werden wirtschaftliche Effizienz und Nachhaltigkeit verknüpft.

Idealerweise wird das Selbstexperiment begleitet und dokumentiert, wodurch die Experimentierenden Veränderungen beobachten können und Feedback erhalten. Nimmt z. B. gleich eine ganze Abteilung an einem Selbstexperiment teil und tauscht sich dazu aus, dann kann dieser Austausch die Motivation steigern und gelerntes Wissen geteilt werden. Außerdem stärkt sich durch Rückmeldungen und gemeisterte Herausforderungen das Selbstwirksamkeitsgefühl (Meyer-Soylu et al., 2023), was wiederum dazu führt, sich handlungsfähiger zu fühlen (siehe Kap. 2).

Überblick

Das Karlsruher Transformationszentrum hat eine Selbstexperimente-Postkarte mit den Bereichen Ernährung, Wohnen, Mobilität, Konsum und „Einfaches, gutes Leben" erstellt, die bei der Gestaltung des eigenen Selbstexperiments im Freund:innen oder Kolleg:innenkreis unterstützt (https://www.transformationszentrum.org/mein-selbstexperiment.php).

Als digitale Version gibt es die App „Act Now" der United Nations, bei der man sich zu vier Überthemen, angelehnt an die SDGs, Aktionen heraussuchen kann. Die App bietet Tipps und Wissensvermittlung an sowie die Möglichkeit, sich in der Community über Herausforderungen auszutauschen. Außerdem können die neuen Gewohnheiten getrackt und der Impact angezeigt werden.

All diese Aktivitäten lassen sich auch wieder auf eine systemische Ebene und somit größere Transformationsprozesse hin zu mehr Nachhaltigkeit beziehen. Wie wäre es z. B. wenn Sie Ihre Erfahrungen mit Selbstexperimenten im Arbeitskontext mit anderen Unternehmen teilen? Durch übergreifende Ansätze können nicht nur Netzwerke ausgebaut, sondern auch Ressourcen geschont und gegenseitige Lernprozesse vorangetrieben werden.

Was Sie aus diesem *essential* mitnehmen können

- Die Nachhaltigkeitstransformation ist ein multi-dimensionaler, langfristiger, von Wandel und Beständigkeit geprägter Prozess, der unterschiedliche Akteur:innen mit je individuellen und in Konflikt stehenden Interessen einschließt
- Die Nachhaltigkeitstransformation verfolgt eine normative Zielsetzung, weshalb Unsicherheiten und unterschiedliche Wertevorstellungen auftreten und zu Konflikten bei ihrer Ausgestaltung führen, die wiederum das Gefühl von Machtlosigkeit und die Frage nach Verantwortlichkeiten aufwerfen
- Die Anerkennung von Emotionen, das Gefühl von Selbstwirksamkeit und Wertschätzung sind wichtige Faktoren für den Umgang mit Unsicherheiten und Konflikten bei der Gestaltung der Nachhaltigkeitstransformation in einem Unternehmen (& im Privaten)
- Kollektives Handeln ist zentral für die Nachhaltigkeitstransformation und sollte durch das Einbeziehen unterschiedlicher Menschen, gegenseitige Offenheit und Wertschätzung gestärkt werden
- Die Bildung einer gemeinsamen sozialen Identität ist dabei besonders relevant für die Nachhaltigkeitstransformation, wie es auch Beispiele wie „Dein BalkonNetz" und die Beleggenossenschaft Hümmling zeigen und kann in Unternehmen bspw. durch Selbstexperimente mit Nachhaltigkeitsbezug gestärkt werden

P. M. Bögel, *Nachhaltigkeitstransformationen erfolgreich initiieren und gestalten*, essentials, https://doi.org/10.1007/978-3-662-68693-5

Literatur

Ajzen, I. (1991). The theory of planned behavior. *Organizational Behavior and Human Decision Processes, 50*(2), 179–211. https://doi.org/10.1016/0749-5978(91)90020-T

Allbauer, M., Heins, B., & Tuttlies, I. (2013). *Belegschaftsgenossenschaften für regenerative Energien: Ein Handbuch für Betriebsräte.* Hans-Böckler-Stiftung. https://www.boeckler. de/de/faust-detail.htm?sync_id=HBS-005623

Andersen, A. D., Geels, F. W., Coenen, L., Hanson, J., Korsnes, M., Linnerud, K., Makitie, T., Nordholm, A. J., Ryghaug, M., Skjølsvold, T. M., Steen, M., & Wiebe, K. S. (2023). Faster, broader, and deeper! Suggested directions for research on net-zero transitions. *Oxford Open Energy.* https://doi.org/10.1093/ooenergy/oiad007

Augenstein, K., Bögel, P. M., Levin-Keitel, M., & Trenks, H. (2022). Wie entfalten Reallabore Wirkung für die Transformation? Eine *embedded-agency perspective* zur Analyse von Wirkmechanismen in Reallaboren. *GAIA – Ecological Perspectives for Science and Society, 31*(4), 207–214. https://doi.org/10.14512/gaia.31.4.4

Becker, S., Bögel, P., & Upham, P. (2021). The role of social identity in institutional work for sociotechnical transitions: The case of transport infrastructure in Berlin. *Technological Forecasting and Social Change, 162*, 120385. https://doi.org/10.1016/j.techfore.2020. 120385

Böcker, M., Brüggemann, H., Christ, M., Knak, A., Lage, J., & Sommer, B. (2021). *Wie wird weniger genug? Suffizienz als Strategie für eine nachhaltige Stadtentwicklung.* https://doi. org/10.14512/9783962388041

Bögel, P. M., Augenstein, K., Levin-Keitel, M., & Upham, P. (2022). An interdisciplinary perspective on scaling in transitions: Connecting actors and space. *Environmental Innovation and Societal Transitions, 42*, 170–183. https://doi.org/10.1016/j.eist.2021.12.009

Bögel, P. M., Trenks, H., Upham, P., Sauter, H., Albiez, M., Stelzer, V., & Laborgne, P. (2023). Diversifying power in action: A socio-psychological approach to inclusive energy transition experiments. *Energy Research & Social Science, 100*, 103070. https://doi.org/ 10.1016/j.erss.2023.103070

Bögel, P. M., Upham, P., Shahrokni, H., & Kordas, O. (2020). What is needed for citizen-centered urban energy transitions: Insights on attitudes towards decentralized energy storage. *Energy Policy*, 112032. https://doi.org/10.1016/j.enpol.2020.112032

Bögel, P. M., Upham, P., Shahrokni, H., & Kordas, O. (2021). What is needed for citizen-centered urban energy transitions: Insights on attitudes towards decentralized energy storage. *Energy Policy, 149*, 112032.

Bögel, P., & Upham, P. (2018). The role of psychology in sociotechnical transitions literature: A review and discussion in relation to consumption and technology acceptance. *Environmental Innovation and Societal Transitions, 28*, 122–136. https://doi.org/10.1016/j.eist.2018.01.002

Bruhn, T. (April 2020). *Im Gespräch mit Thomas Bruhn* (Wissenschaf(f)t Zukünfte e.V.) [Interview]. https://www.wissenschafftzukuenfte.de/interview-thomas-bruhn/

Carroll, A. B., & Shabana, K. M. (2010). The business case for corporate social responsibility: a review of concepts, research and practice. *CGN: Corporate Social Responsibility/Corporate Citizenship (Topic)*. https://doi.org/10.1111/j.1468-2370.2009.00275.x

Changing Cities e.V. (2018). *Chronik des Volksentscheids Fahrrad*. Volksentscheid Fahrrad – Berlin dreht sich. https://www.volksentscheid-fahrrad.de/index.html%3Fp=4146.html

Clausen, J. (2014). *Belegschaftsgenossenschaften zur Förderung der Energiewende*. Borderstep Institut für Innovation und Nachhaltigkeit gGmbH.

De Dreu, C. K. W., & Gelfand, M. J. (2008). Conflict in the workplace: Sources, functions, and dynamics across multiple levels of analysis. In *The psychology of conflict and conflict management in organizations* (S. 3–54). Taylor & Francis Group/Lawrence Erlbaum Associates.

De Roeck, F., & Poeck, K. (2023). Agency in action: Towards a transactional approach for analyzing agency in sustainability transitions. *Environmental Innovation and Societal Transitions, 48*, 100757. https://doi.org/10.1016/j.eist.2023.100757

Deci, E. L., & Ryan, R. M. (Hrsg.). (2002). *Handbook of self-determination research*. University of Rochester Press.

Doell, K. C., Pärnamets, P., Harris, E., Hackel, L. M., & Bavel, J. J. V. (2021). Understanding the effects of partisan identity on climate change. *Current Opinion in Behavioral Sciences, 42*, 54–59. https://doi.org/10.1016/j.cobeha.2021.03.013

Duranton, G., & Turner, M. A. (2011). The Fundamental law of road congestion: Evidence from US cities. *American Economic Review, 101*(6), 2616–2652. https://doi.org/10.1257/aer.101.6.2616

Festinger, L. (1957). *A theory of cognitive dissonance*. Stanford University Press.

Frantzeskaki, N., & Rok, A. (2018). Co-producing urban sustainability transitions knowledge with community, policy and science. *Environmental Innovation and Societal Transitions, 29*, 47–51. https://doi.org/10.1016/j.eist.2018.08.001

Friedrich, E., & Wüstenhagen, R. (2017). Leading organizations through the stages of grief: The development of negative emotions over environmental change. *Business & Society, 56*(2), 186–213. https://doi.org/10.1177/0007650315576151

Fritsche, I., Barth, M., Jugert, P., Masson, T., & Reese, G. (2017). A social identity model of pro-environmental action (SIMPEA). *Psychological Review, 125*, 245–269. https://doi.org/10.1037/rev0000090

Fukuyama, F. (2018). *Identity: The demand for dignity and the politics of resentment*. Farrar.

Gaertner, S. L., & Dovidio, J. F. (2011). Common Ingroup Identity Model. In D. J. Christie (Hrsg.), *The Encyclopedia of Peace Psychology, 55* (S. 581). Blackwell https://doi.org/10.1002/9780470672532.wbepp041

Geels, F. W. (2002). Technological transitions as evolutionary reconfiguration processes: A multi-level perspective and a case-study. *Research Policy, 31*(8), 1257–1274. https://doi. org/10.1016/S0048-7333(02)00062-8

Gollwitzer, M., & Schmitt, M. (2009). *Sozialpsychologie kompakt* (1. Aufl.). Beltz Verlagsgruppe.

Gossling, S. (2017). *The psychology of the car: automobile admiration, attachment, and addiction.* Elsevier Science.

Gürtler, K., Luh, V., & Staemmler, J. (2021). Strukturwandel als Gelegenheit für die Lausitz. Warum dem Anfang noch der Zauber fehlt. In Bundeszentrale für politische Bildung/bpb (Hrsg.), *Abschied von der Kohle. Struktur- und Kulturwandel im Ruhrgebiet und in der Lausitz* (S. 215–229). Bundeszentrale für politische Bildung. https://www.bpb.de/system/ files/dokument_pdf/SR_10751_Abschied-Kohle_ba.pdf

Harinck, F., & Druckman, D. (2017). Do negotiation interventions matter? Resolving conflicting interests and values. *Journal of Conflict Resolution, 61*(1), 29–55. https://doi.org/ 10.1177/0022002715569774

Hebinck, A., Diercks, G., von Wirth, T., Beers, P. J., Barsties, L., Buchel, S., Greer, R., van Steenbergen, F., & Loorbach, D. (2022). An actionable understanding of societal transitions: The X-curve framework. *Sustainability Science, 17*(3), 1009–1021. https://doi.org/ 10.1007/s11625-021-01084-w

Hölscher, K., Wittmayer, J. M., & Loorbach, D. (2018). Transition versus transformation: What's the difference? *Environmental Innovation and Societal Transitions, 27*, 1–3. https://doi.org/10.1016/j.eist.2017.10.007

infas. (2018). *Mobilität in Deutschland 2017—Kurzreport—Verkehrsaufkommen – Struktur – Trends* [Kurzreport Studie]. Institut für angewandte Sozialwissenschaft GmbH & BMVI.

Jackson, T. (2005). Motivating sustainable consumption: A review of evidence on consumer behaviour and behavioural change. *Sustainable Development Research Network, 15*.

Jans, L. (2021). Changing environmental behaviour from the bottom up: The formation of pro-environmental social identities. *Journal of Environmental Psychology, 73*, 101531. https://doi.org/10.1016/j.jenvp.2020.101531

Janssen, A., Beers, P. J., & van Mierlo, B. (2022). Identity in sustainability transitions: The crucial role of landscape in the Green Heart. *Environmental Innovation and Societal Transitions, 42*, 362–373. https://doi.org/10.1016/j.eist.2022.01.008

Koch, C., Bekmeier-Feuerhahn, S., Bögel, P. M., & Adam, U. (2019). Employees' perceived benefits from participating in CSR activities and implications for increasing employees engagement in CSR. *Corporate Communications: An International Journal, 24*(2), 303–317. https://doi.org/10.1108/CCIJ-12-2017-0123

Köhler, J., Geels, F. W., Kern, F., … Wells, P. (2019). An agenda for sustainability transitions research: State of the art and future directions. *Environmental Innovation and Societal Transitions, 31*, 1–32. https://doi.org/10.1016/j.eist.2019.01.004

Loorbach, D., & Wittmayer, J. (2023). Transforming universities. Mobilizing research and education for sustainability transitions at Erasmus University Rotterdam, The Netherlands. *Sustainability Science*, 1–15. https://doi.org/10.1007/s11625-023-01335-y

Loorbach, D., Brugge, R., & Taanman, M. (2008). Governance in the energy transition: Practice of transition management in the Netherlands. *International Journal of Environmental Technology and Management, 9*. https://doi.org/10.1504/IJETM.2008.019039

Masson, T., & Fritsche, I. (2021). We need climate change mitigation and climate change mitigation needs the 'We': A state-of-the-art review of social identity effects motivating climate change action. *Current Opinion in Behavioral Sciences, 42*, 89–96. https://doi.org/10.1016/j.cobeha.2021.04.006

Meyer-Soylu, S., Wendeberg, E., Waitz, C., & Allmann, A. (2023). *Leitfaden Vom Wissen zum Handeln Selbstexperimente für mehr Nachhaltigkeit* (S. 50) [Leitfaden]. KAT.

Moilanen, F., & Alasoini, T. (2023). Workers as actors at the micro-level of sustainability transitions: A systematic literature review. *Environmental Innovation and Societal Transitions, 46*, 100685. https://doi.org/10.1016/j.eist.2022.100685

Osterhammel, J. (2009). *Die Verwandlung der Welt: Eine Geschichte des 19. Jahrhunderts* (6. Aufl.). Verlag C.H.Beck. http://www.jstor.org/stable/j.ctv289dt0n

Oswald, M., & Grosjean, S. (2004). Confirmation bias. In R. F. Pohl (Hrsg.), *Cognitive Illusions. A Handbook on Fallacies and Biases in Thinking, Judgement and Memory*. (S. 79–96). Psychology Press. https://doi.org/10.13140/2.1.2068.0641

Petty, R. E., & Cacioppo, J. T. (1986). *Communication and persuasion: Central and peripheral routes to attitude change*. Springer. https://doi.org/10.1007/978-1-4612-4964-1

Radtke, J., & Drewing, E. (2020). Technokratie oder Gemeinschaftswerk? Expertengremien und Partizipation in der Energiewende. *TATuP Zeitschrift für Technikfolgenabschätzung in Theorie und Praxis, 29*, 36–42. https://doi.org/10.14512/tatup.29.3.36

Schütz, F., Heidingsfelder, M. L., & Schraudner, M. (2019). Co-shaping the future in quadruple helix innovation systems: Uncovering public preferences toward participatory research and innovation. *She Ji: The Journal of Design, Economics, and Innovation*. https://doi.org/10.1016/J.SHEJI.2019.04.002

Shove, E. (2010). Beyond the ABC: Climate change policy and theories of social change. *Environment and Planning A: Economy and Space, 42*(6), 1273–1285. https://doi.org/10.1068/a42282

Shove, E., & Walker, G. (2007). Caution! Transitions ahead: politics, practice, and sustainable transition management. *Environment and Planning A: Economy and Space, 39*(4), 763–770. https://doi.org/10.1068/a39310

Sovacool, B. K., Newell, P., Carley, S., & Fanzo, J. (2022). Equity, technological innovation and sustainable behaviour in a low-carbon future. *Nature Human Behaviour, 6*(3), 326–337. https://doi.org/10.1038/s41562-021-01257-8

Steg, L., van den Berg, A. E., & de Groot, J. I. M. (2019). Environmental psychology: history, scope and methods. In L. Steg & J. I. M. de Groot (Hrsg.), *Environmental Psychology: An Introduction* (2. Aufl., S. 1–11). Wiley.

Stürmer, S., & Siem, B. (2020). *Sozialpsychologie der Gruppe* (2.). München: Ernst Reinhardt Verlag.

Tajfel, H., & Turner, J. C. (1979). *An integrative theory of intergroup conflict* . In W. G. Austin & S. Worchel (Hrsg.), (S. 33–37). Brooks/Cole.

Tjørring, L. (2016). We forgot half of the population! The significance of gender in Danish energy renovation projects. *Energy Research & Social Science, 22*, 115–124.

Trenks, H., & Bögel, P. M. (under review). How real-world labs facilitate individual role change in the energy transition: A socio-spatial approach. *Sustainability Science*.

Trope, Y., & Liberman, N. (2010). Construal-level theory of psychological distance. *Psychological Review, 117*(2), 440–463. https://doi.org/10.1037/a0018963

UBA. (17 September 2019). *Rebound-Effekte*. Umweltbundesamt. Abgerufen 31. Juli 2023, von https://www.umweltbundesamt.de/themen/abfall-ressourcen/oekonomische-rechtl iche-aspekte-der/rebound-effekte

Wade, C. (2019). *Where to begin: A small book about your power to create big change in our crazy world*. Simon & Schuster Ltd.

Wiehe, J. M., Thiele, J., Walter, A., Hashemifarzad, A., Hingst, J. zum, & Haaren, C. von. (2020). Nothing to regret: Reconciling renewable energies with human wellbeing and nature in the German energy transition. *International Journal of Energy Research, 45*, 745–758. https://doi.org/10.1002/er.5870

Wilde, M., & Klinger, T. (2017). Städte für Menschen—Transformationen urbaner Mobilität. *Aus Politik und Zeitgeschichte, 67*, 32–38.

Wright, C., Nyberg, D., & Grant, D. (2012). "Hippies on the third floor": Climate change, narrative identity and the micro-politics of corporate environmentalism. *Organization Studies, 33*(11), 1451–1475. https://doi.org/10.1177/0170840612463316

Wullenkord, M. C., & Hamann, K. R. S. (2021). We need to change: Integrating psychological perspectives into the multilevel perspective on socio-ecological transformations. *Frontiers in Psychology, 12*, 655352. https://doi.org/10.3389/fpsyg.2021.655352

ZEIT ONLINE. (25 Oktober 2021). Jeder Achte fürchtet wegen Digitalisierung um Arbeitsplatz. *ZEIT ONLINE*. https://www.zeit.de/arbeit/2021-10/jobstudie-2021-ey-arbeitspl atz-verlust-digitalisierung-sorgen-arbeitswelt

Zentrum für Interdisziplinäre Nachhaltigkeitsforschung. (o. J.). *Trittbrettfahrerproblem* [Blog]. Nach(haltig)-gedacht Der Blog des Zentrums für Interdisziplinäre Nachhaltigkeitsforschung. Abgerufen 14. Juli 2023, von http://nach-haltig-gedacht.de/glo ssary/trittbrettfahrerproblem/

Zilles, J., & Marg, S. (2022). Protest and polarisation in the context of energy transition and climate policy in Germany: Mindsets and collective identities. *German Politics, 32*, 1–22. https://doi.org/10.1080/09644008.2022.2059469

Printed in the United States
by Baker & Taylor Publisher Services